¡CONSIGUE UN BUEN EMPLEO…!
¿O… CONSÉRVALO?

Claudio L. Quinzaños Ripoll

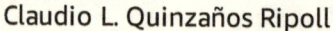

Claudio L. Quinzaños Ripoll

A mis hijos que me inspiran todos los días y son fuente de amor incondicional. A mi bellísima y admirada Paty quien mejor me conoce y entiende todos mis pasos.

A Susi, siempre presente, siempre brillante.

I INTRODUCCIÓN

Bienvenido a este práctico curso, **¡Consigue Un Buen Empleo...!** **¿O... Conservarlo?** Donde aprenderás diferentes técnicas, consejos y lo más importante que debes saber al emprender tu nueva búsqueda de empleo. Con este manual, te daremos pistas para que tu búsqueda sea más efectiva, más intensa y, sobre todo **te permitirá conseguir precisamente ese empleo que has estado soñando.**

Cuando hayas terminado este manual te sentirás mucho más seguro y confiado en lo que haces ya que **sabrás, de una manera profesional y efectiva, conseguir ese magnífico empleo**.

Entiendo que el trabajo es algo realmente importante para ti. De hecho, a todos **nos gusta saber que hacemos cosas productivas, valiosas**, sea para nosotros mismos, o bien para nuestra familia o nuestros dependientes.

También sabemos, aún sin conocerte que **eres una persona muy valiosa**, así te hayan llevado a pensar en el pasado que no lo eres.

Tener un empleo, realizar algo productivo no solo te permite cubrir tus gastos y los de tu familia, **te permitirá generar ingresos y hasta ahorros para poder iniciar tus propios proyectos** de inversión o auto empleo en un futuro.

Si tienes un trabajo actualmente también podemos llevarte a comprender **cómo puedes sacarle el mejor provecho y contribuya a tu felicidad** y eventualmente la consecución de tus sueños.

Si te encuentras en la búsqueda de un empleo o una nueva oportunidad de trabajo en donde estás, conocerás en este libro elementos que te podrán llevar al éxito.

Tal vez es la **primera vez que vas a buscar un empleo**, tal vez ha llegado la hora de comenzar a aportar en el gasto familiar. O quizás tu empresa no pudo continuar la relación contigo. Estás en los últimos momentos de tus estudios universitarios o técnicos y quieres probarte ya en el mundo laboral y adquirir cierta experiencia para poder optar por hacer una carrera en tu especialidad.

Pero, eso de buscar trabajo, **no necesariamente es algo que nos hayan enseñado en la escuela**, nuestros maestros, nuestros padres, tutores o consejeros. Pero es algo que tienes que hacer ahora y dado el mundo tan competitivo que enfrentamos, **más te vale estar muy bien preparado para hacerlo de una manera profesional, inteligente, seria.**

Lo primero a enfrentar es en **hacer un Curriculum Vitae** (CV), Hoja de Vida, Resumen laboral, etc. Denominaciones que se utilizan y que en el fondo significan algo similar. Una vez que tu Currículum ha logrado despertar el interés en un posible contratante, te concederán una cita para tener **una primera entrevista de selección**. Si para hacer el CV no tuviste ayuda, es muy probable que menos te habrán enseñado cómo atender esta entrevista, **qué decir, cómo decirlo y, sobre todo, cómo convencer a tu entrevistador** de seguir considerándote un buen prospecto para un puesto determinado. Tampoco sabrás qué sueldo es el correcto a pedir, dudas si por pedir mucho no te contratarán o peor, si es poco, quedarás con la sensación de que podías haber solicitado algo más.

¡QUIERES TRABAJAR, pero…!

- ¿Sabes cómo conseguir un empleo?
- ¿Alguien te enseñó a hacerlo?
- ¿Copiaste tu Currículum de algún amigo?
- ¿Sabrás prepararte para una entrevista y sacar el máximo provecho de ella?
- ¿Podrías ofrecer un proyecto ejecutivo y ser el mejor

candidato para un puesto?

Piensa en estas interrogantes, y prepárate para ser el mejor candidato para el nuevo empleo que te está esperando.

¡Ojo! No quiero que pienses que solo por leer este manual conseguirás con facilidad ese empleo que estás buscando. No, requiere tu participación, **tendrás que estudiar, conocer cómo es el mundo del trabajo, entender quién eres y de lo que eres capaz**. Requerirá tu esfuerzo, tendrás tareas que llevar a cabo, definir una estrategia, hacer un plan y cumplirlo **hasta que logres el objetivo: conseguir el empleo que deseas**. ¿Estás dispuesto a pasar por esto? Sigue adelante, de lo contrario, no pierdas tiempo con la lectura de este manual y sigue con tu búsqueda sin más apoyo que lo que podrías considerar "suerte".

Las reglas para un buen inicio:

1. Prepárate bien para ser "el mejor en la búsqueda de empleo"
2. Conócete bien y piensa lo mejor que tienes para ofrecer a quien pudiera contratarte
3. Sigue un plan inteligente
4. Hazte un propósito a conseguir, eso es en realidad tu objetivo laboral.

¿CÓMO SEGUIR ESTE CURSO?

1. Entiende que **serás tu propio maestro**. Siguiendo los pasos y recomendaciones del curso aprenderás de una manera personal, autodidácta. No hay un maestro para guiarte, **tú deberás señalar los tiempos de estudio, decidirás si haces o no las tareas**, investigarás, en fin, te prepararás para lograr la excelencia en esta labor que estás por iniciar.
2. Disciplina. **Escoge el lugar, el momento y las condiciones** que deberás emplear para tu preparación. Toma en cuenta lo siguiente: Lugar iluminado, lo más tran-

quilo posible, alejado de distracciones como la tele, familia, amigos, etc. Es un trabajo individual. Establece el mejor momento, sí, debes tener un horario. Debes darlo a conocer a otros, evita distracciones, respeta y haz respetar este tiempo y espacio. **Concéntrate en lo que haces y entiende que hacer una búsqueda profesional** de empleo requiere tu compromiso, respeto y concentración.

3. **Toma nota** de todo lo que en la lectura te resulte relevante. Anota, apunta, resume, subraya. Necesitarás cuaderno y lápiz, una computadora, laptop o tableta. Conectividad a Internet y, por supuesto, **una cuenta de correo electrónico y con al menos un teléfono donde "siempre puedas ser localizado".**

4. Paso a paso avanza por el curso. Habrá actividades intermedias, llévalas a cabo, resuelve lo que se te proponga. **Retrocede si es necesario, repasa los textos**, compréndelos.

5. Ten en cuenta siempre que este curso es para ti, independientemente del puesto que estés buscando. Recuerda, **todos tenemos talento, merecemos siempre el mejor trabajo. No importa tu condición física, ni tu edad**; tampoco importa si has fracasado mucho o poco en tu búsqueda o bien será ésta la primera ocasión. El trabajo es para todos, para ti principalmente que estás intentando una nueva búsqueda laboral.

TOMA NOTA:

- Si estás bien preparado, tienes un plan bien hecho de búsqueda laboral, **usas tu ingenio y creatividad, tendrás las mejores oportunidades** para conseguir ese trabajo que estás buscando.
- Prepararte **no solo te sirve para conseguir un trabajo**, si quieres progresar dentro de tu empresa, también deberás estarlo, tener un magnífico plan y echarlo a andar.

- Parte de tu preparación consiste en seguir este curso de manera ordenada, disciplinada y entusiasta.

EL TRABAJO DE

BUSCAR TRABAJO

El hecho que de momento no tengas empleo, no significa, para nada, que no tengas trabajo. De hecho, **ahora mismo tienes un trabajo de mucha responsabilidad y exigirá tu dedicación, tu tiempo y mucha de tu energía.** Peor aún, no tienes un jefe directo que te esté pidiendo cuentas, que de seguimiento a tus logros o bien corrija lo que has iniciado. Es decir, estás tú solo en este trabajo y **será responsabilidad tuya el hacer todo de la mejor manera.** Tu meta deberá ser "conseguir un empleo" y, es más, podrías ponerle fecha para lograrlo. Es decir, "conseguir un empleo antes de que hayan pasado 1 o 2 meses a partir de este momento.

Fíjate bien, **cuando has querido buscar un trabajo o ser considerado para una promoción dentro de la empresa, siempre has dado lo mejor de ti.** Has hecho un gran esfuerzo por lograrlo y te has entregado con todo lo mejor que tienes para conseguir eso que te has propuesto. Pues imagínate ahora la **responsabilidad que adquieres contigo** y el empeño que deberás poner en el logro de esta empresa de conseguir ese empleo tan anhelado.

Si tuvieras un empleo, estoy seguro de que tratarías de llegar temprano, cumplir con todas las tareas, hacerlo de la mejor manera posible y mantendrás una disciplina que es la que supones te ha de garantizar un buen desempeño en esa empresa.

Pues aquí también será necesario que apliques todo lo anterior. Tienes que establecerte horarios, lugar para llevar a cabo las distintas actividades, estar presto, listo, bien arreglado, sin distracciones y **piénsalo, dando lo mejor de ti ya que tu trabajo consiste en conseguir un buen puesto, tal vez ese que has soñado o por lo menos, has deseado. Es uno de tus proyectos de vida más importantes** ya que será, a partir de un nuevo empleo que puedas lograr tus metas de vida como el aprender, crecer en una gran organización o bien servirte del empleo para poder, después, iniciar tu propia empresa con el conocimiento y disciplina adquiridos en esta nueva experiencia laboral.

Tienes trabajo; ¡Si! Pero… Ahora eres tu propio jefe y por lo mismo deberás exigirte ser súper profesional en lo que vayas a hacer. Piensa siempre en dar un poco más de lo que te exigiría un jefe, prepárate para dar un extra en lo que haces.

Entiende que el tener empleo te permite no solo obtener una mejor condición económica. También **te anima, levanta tu autoestima, para quienes te quieren y rodean te conviertes en alguien respetable por estar haciendo algo importante. Tendrás nuevos amigos, nuevas anécdotas y conversaciones**. Te hará sentir seguro, honrado, digno y en adición podrás cubrir todo lo que necesitas en cuanto a alimentación, vestido, habitación y hasta diversión. Ya no eres más una carga para tu familia, no tienen por qué seguir preocupándose por ti. Dejarás de ser un gasto más para convertirte en alguien que está apoyando a la economía del hogar. En pocas palabras, tendrás motivos para sentirte de nuevo orgulloso.

Las personas no somos iguales, esto deberás grabártelo. Ni siquiera lo son los gemelos idénticos y esto se debe a que todos tenemos una forma de ser diferente, una personalidad que nos caracteriza. De hecho, nos gusta serlo, nos gusta saber que tenemos nuestra propia forma de pensar y actuar.

Un empleo, tampoco será lo mismo para todos ya que significará cosas diferentes para cada persona, la importancia que se le dé estará determinada por la forma en que cada cual enfrentamos una labor. Tal vez para ti, un trabajo pudiera resultar algo aburrido, sin embargo, para otros podría ser una fuente de mucha alegría y exigencia. **Cada uno de nosotros tenemos nuestra manera de lograr las metas y retos que ofrece la vida**. Así, no existen trabajos (formales) que lleguen a ser mejores que otros, superiores o de poca categoría. **No los hay más dignos** o incluso despreciables.

Si lo piensas bien, todo trabajo tiene sus retos, su atractivo y sus motivos de satisfacción.

Ayer platicaba con una amiga, me decía lo que ganaba quien tenía a su cargo el barrer la calle donde ella suele trabajar. Resulta que, aparte del buen sueldo que le paga la Alcaldía por llevar a cabo esta, tan importante y necesaria labor, **todos los vecinos de la calle le otorgaban una propina que rondaba entre los 10 y los 25 dólares semanales.** Si consideramos que en esa calle habrá unas 30 casas, resulta que aparte de su sueldo normal, este señor gana 600 dólares extra "de forma semanal". Ah y ahí no acaba todo. En adición, el señor separaba la basura recolectada y era capaz, no solo de encontrar objetos con cierto valor comercial, sino productos reciclables como el pet, el cartón, el papel y cuya venta por kilo termina significando otra fuente de ingresos. Ah, y el señor de la escoba, **podía disponer casi siempre de sus tardes libres,** los fines de semana para hacer lo que más le gustaba que era leer y pasear con su familia.

¿Recuerdas cuando te decían que, si ibas a ser barrendero, tendrías que ser el mejor? Bueno, creo que este señor, si no era el mejor, por lo menos sí era lo suficientemente agradecido con lo que tenía y compartía con su familia y entorno. Hoy, se encuentra jubilado, disfrutando de esperemos muchos años de sosiego mientras **su hijo ha decidido continuar los pasos de su papá.**

Para conseguir el empleo que estás buscando deberás, en primer lugar, demostrar que tienes la capacidad, el talento y que, en adición, eres el mejor para hacerlo. Por lo mismo, si tienes dudas, ponte en la tarea de remediarlo, sigue tu preparación, lee, **toma cursos, ahora dispones de muchos cursos en línea, libros digitales, talleres y hasta programas universitarios** que te permiten estudiar de acuerdo con tu tiempo y sin tener siquiera que salir de tu casa u oficina. Apúntate a un curso de tu especialidad, a uno simple. Busca que sea en línea y permítete conocer las bondades que tiene el estudiar de esta forma.

Esto no deberá interferir con tu búsqueda de empleo, no te detengas ante el objetivo de conseguir ese trabajo que has estado buscando. El **estudiar y prepararte debiera ser parte de tus responsabilidades laborales cotidianas**. Siempre estar listo para ser el mejor. Si eres mesero, pues averigua cómo es el servicio en otros países, cómo es el uso de las herramientas para el servicio, cómo pueden unos vinos ser mejores que otros para saborear ciertos platillos, etc. Si carpintero, piensa en los materiales que siguen surgiendo, las herramientas, las técnicas y en general los productos que harán mejor tu trabajo. Estudia, no te detengas. Lo importante, **decía uno de mis jefes**, "no es tener empleo, sino ser empleable"

Lo importante no solo es tener empleo, sino ser empleable.

Conseguir empleo no es cuestión de suerte, de caerle bien a alguien. Conseguir empleo, consiste en ser empleable, estar bien preparado, planear una estrategia que te lleve a la meta de conseguirlo, hacerlo de la manera correcta, con disciplina, entusiasmo y, compromiso contigo mismo.

A la mayoría de las personas les cuesta bastante trabajo conseguir un empleo, más aún, ese empleo que han soñado. No tienen un verdadero plan de acción. **Le echan la culpa a la suerte "están salados"**, a la edad, a la competencia, al poder de adivinación de los reclutadores para poder, en una entrevista advertir nuestros más terribles defectos. Otras ocasiones desconocen si su Currículum está o no bien hecho, no saben cuánto han de pedir de sueldo y menos aún qué es lo que realmente está provocando que no se logre su objetivo de conseguir ese trabajo.

Si tú tienes un buen plan de acción, si te preparas y tomas en serio esta tarea de conseguir ese empleo que tanto deseas, **serás más exitoso que aquellos que lo dejan a la suerte**, de manera desordenada y sin saber realmente lo que están haciendo.

Si quieres conseguir ese empleo que tanto deseas, tendrás que comenzar por tener un plan de acción. Solo así conseguirás el trabajo que has estado buscando, no cualquier "chamba" sino aquella que te hará feliz, te permitirá realiz-

arte, ser productivo y beneficiarás a su vez a quien te contrate.

Todos conocemos algunas personas que parecieran brillar por su talento, por su capacidad y buen desempeño, reconocido por los superiores. Son **los trabajadores "estrella" los que pareciera que siempre van a tener un buen empleo**, en esa o cualquier otra empresa que los descubra. Tal vez no lo reconoce su jefe directo, pero habrá otros jefes dentro de la empresa que se han fijado en ellos y tendrían mucho gusto en poderlos incorporar en sus equipos de trabajo y harán todo lo necesario para poderlos traer a su grupo. Les ofrecerán los puestos y oportunidades. Y **no los dejarán salir de la empresa sin antes hacer todo lo posible por retenerlos.**

Un magnífico trabajador siempre tendrá empleo y crecimiento. Son personas que brillan por el trabajo que hacen. Tú puedes ser siempre uno de ellos.

Saben muy bien que, para ser reconocidas dentro del trabajo, primero tendrán que darse a conocer, tendrán que mostrar su talento y valía ante todos. **Mostrarán sin ningún pudor o modestia sus logros, sus éxitos, méritos y resultados.** Dejarán saber que se sepa abiertamente lo que valen como empleados ya que los demás en la empresa podrían ignorar de lo que son capaces en cuanto a talentos y eficacia. Lo mismo hablarán si han adquirido nuevos conocimientos, habilidades o competencias. Ellos están siempre dispuestos a darlo a conocer. **Saben muy bien que el ser empleable es más importante que tener solo un trabajo. No, no son humildes**, al igual que cuando la mayoría de las empresas comunican al público las ventajas de sus productos. Siempre mostrarán lo mejor de ellos, las bondades y razones para que se fijen en ellos y no en competidores semejantes. Si anuncio un auto, entiendo que hay muchos. Lo que puedo hacer es mostrar lo mejor del mío y las ventajas que sobre otros vehículos pueden encontrar si se deciden por mi producto.

Pues así en el trabajo. El momento de ser humildes pasó. Ahora tenemos que mostrar de lo que somos capaces, mostrar lo mejor de nuestras capacidades, conocimientos y ventajas.

Entiende que siempre podrás estar siendo observado por otras personas; ¿Importantes?

Nuestro trabajo diario no solo puede ser conocido por otras personas, debiera ser, incluso, reconocido por quienes están cerca de nuestro trabajo. Puede ser un cliente, un proveedor, un visitante, etc. **Tal vez serán nuestras próximas referencias**, tal vez nuestros futuros jefes o compañeros. Tus mismos compañeros de trabajo llegarán a ser buenos promotores para tu futuro. Ellos te conocen mejor que nadie y siempre estarán **dispuestos a recomendarte** como un buen candidato para sus nuevas oportunidades laborales.

¿Y ahora que estás buscando trabajo, cómo te desempeñas? ¿Estás siendo el mejor? Pregúntate **cómo fuiste en tu último empleo y comprende si hay algo valioso de lo cual te sientes orgulloso, piensa si hay algo donde debiste haber puesto un mejor empeño.** ¿Hay algo que corregir para tu futuro? ¿Tienes un plan para lograrlo? Bueno, por lo pronto, dedícate a destacar en este nuevo trabajo, si, en este, en el que estás haciendo ahora mismo: buscar el trabajo que has soñado, conservar el que tienes o crecer dentro de tu organización. Ahora es el momento de mostrar tus talentos y capacidades. No solo en casa deberán saber que estás en una nueva búsqueda laboral, platica con tus amigos, con tus colegas, tus anteriores compañeros de trabajo, tus jefes anteriores. En las redes sociales como el **Facebook o Tweeter, no solo entres a platicar y pasar el tiempo. Aprovéchalas para hacer saber qué trabajo buscas y todo lo que puedes ofrecer en cuanto a tus talentos y triunfos.** No lo sabes, por ahí podría surgir alguna oportunidad. Deben saber que existes y no solo como amigo o familiar. Deben saber que eres valioso y en este momento estás considerando una oportunidad en el mundo del trabajo. Ellos **deberán notar que eres profesional, que eres serio en tu búsqueda** y que así serás cuando hayas logrado el puesto que estás buscando.

Ahora bien, ¿cómo quieres que te vean? ¿Tal vez como alguien con iniciativa, creativo y dedicado que hace de su búsqueda un trabajo, **o más bien como una persona desorganizada que no sabe bien lo que quiere, irresponsable y sin una estrategia**? Decídelo tú. Si has optado por lucir como un trabajador "estrella", entonces deberás ser en este trabajo de conseguir empleo alguien organizado, limpio, creativo, responsable y profesional.

En efecto, tú **eres diferente a los demás, pero no basta con saberlo tú. Los demás tienen que darse cuenta de esto** ya que solo así podrán ubicarte como alguien muy empleable. Si tienes experiencias o conocimientos diferentes, **por favor, habla de ellos**. Si tu compromiso en el trabajo, o tu manera de asumir responsabilidades te llevó a triunfar en el pasado, deberá ser una de tus mejores cartas de presentación. Si, por otro lado, lo que tienes es una gran capacidad de aprendizaje y adaptación a los cambios, deberás hablar de ellos como la ventaja que tienes frente a los demás candidatos para ese puesto que has deseado.

Ser único es en realidad una gran ventaja y es en esto donde más vamos a enfatizar dentro de este libro. Prepárate para conocer, darle a conocer y para ser reconocido como alguien irrepetible. Alguien con grandes ventajas por su experiencia, talento, conocimiento y actitud. **Alguien que será capaz de convertirse en el empleado "estrella" que requieren todas las organizaciones.**

Ningún empleador quiere volverse a equivocar. Saben muy bien que su mejor capital es el talento humano y siempre estarán dispuestos a conocer a alguien como tú. Tal vez los requisitos de conocimientos y experiencia dejarían de ser tan importantes si realmente logran incorporar a su empresa a alguien como tú que no solo tienes experiencias de éxito, sino que en esta búsqueda lo estás mostrando a quien pudiera llegarte a contratar.

Acuérdate:

- **No tener empleo, no significa que no tengas trabajo**. Prepárate con entusiasmo para conseguir lo que has soñado.
- Tener un empleo **te llena de orgullo**.
- Es siempre **mejor ser empleable** que tener un empleo.
- **No estás buscando cualquier "chamba"**, empleo, ni estás pidiendo trabajo. Estás ofreciéndote como alguien realmente importante, con **grandes ventajas sobre otros candidatos** y podrás llevar a esa empresa que quieres lo mejor de ti.
- Tu preparación, tu experiencia en la vida y en el trabajo son muy buenas ventajas ante los demás. **No es cuestión de tener "suerte"**.
- No existen trabajos buenos, frente a malos. Ni importantes o de poco valor. **Cada trabajo es para cada persona que tenga el talento y experiencia que requiere el puesto** y para esa persona es lo más importante, no lo que otros opinen de esa ocupación.
- Existe ahí un empleo para el que te has estado preparando. **Un empleo en donde podrás mostrar tu compromiso** y de momento, la dedicación necesarios para conseguirlo.
- ¿Cómo podrían apreciarte si no conocen ni tu nombre? **Cacarea el huevo, haz saber a los demás quién eres, lo capaz que eres, las ventajas que tienes** sobre otros que buscan el mismo empleo. Explica cómo es que te lo han llegado a reconocer otros: tal vez distinciones como "el empleado del mes", "el mejor promedio en los estudios", "el más perseverante", etc. Esto muestra el reconocimiento que otros te han hecho. Y **podrá ser de mucha orientación a quien pretenda contratarte. No seas humilde**, ahora brilla por lo que eres, haces y puedes lograr.

II LA COMPETENCIA LABORAL

Toma en cuenta que casi **todos los buscadores de empleo están haciendo ahora lo mismo**; leen anuncios en las mismas bolsas de trabajo que conoces, acuden a las mismas agencias de colocación, si tienen un perfil como el tuyo, acuden a las mismas citas, hablan con sus amigos, preparan los mismos curriculum vitae, entregan muchas copias de ellas, los envían por correo electrónico, están atentos a cualquier llamada para tener una cita. **Corren, se desesperan, sus recursos financieros se agotan**: transporte, alimentos fuera de casa, el vestuario adecuado para realizar esta actividad; ¿te recuerda algo?

Pues bien, ante este panorama, deberíamos destacar de todos ellos mostrando **lo que nos hace diferentes y laboralmente más valioso**s para un puesto. Tal vez nuestros conocimientos y aptitudes nos dan una primera y verdadera ventaja competitiva sobre ellos; **nuestra actitud ante la búsqueda** que va desde la manera en que enfrentamos esta búsqueda, hasta los **resultados que hemos conseguido** en nuestros trabajos anteriores. Incluso, si se tratara del **primer empleo**; la actitud que muestres marcará una gran diferencia a tomar en cuenta por quienes están contratando.

No solo eres diferente, seguramente hay áreas donde eres el mejor

Las empresas **no buscan solamente un "empleado" más**: obrero, ingeniero, técnico… Buscan a la persona capaz de lograr los resultados que como organización pretenden conseguir. **Buscan a la mejor persona** que pondrá todo de su parte para distinguirse del resto de los candidatos. Buscarían, en todo caso personas que hubieran destacado por sus aportaciones en trabajos anteriores, grupos sociales, o hasta en su participación escolar.

Piénsalo bien, tu experiencia profesional es muy significativa, muy importante y seguramente tuviste logros importantes que te distinguieron en el pasado.

Casi todas las personas que elaboran su Curriculum Vitae (CV) colocan, **en primerísimo lugar una hilera de datos generales que no necesariamente son necesarios** en este momento: Nombre, dirección, estudios, clave de identificación personal, registro ante distintas instancias como la Seguridad Social, estatus marital, nombre del compañero, estudios y dedicación de éste, número de hijos, sus nombres y edades cuando los hay, y un largo etcétera.

En segundo lugar, colocan todos sus puestos de trabajo, junto con el nombre de sus jefes y con un poco de creatividad las fechas donde estuvieron trabajando.

Bien, revisemos tu CV desde el principio. Por lo pronto, **la carátula o la parte superior y centrada no debiera contener más que datos que te distinguen sobre todos los demás**: Nombre, teléfono (donde siempre te pueden localizar, correo electrónico y por último la zona donde vives (alcaldía, municipio, colonia, zona postal). ¡Esto será todo!

Antes de pasar a hacer una relatoría de tu trayectoria laboral habrá temas más importantes que debes hacer saber a tu posible contratador desde el principio: La **razón por la cual consideras que tienes los atributos para cubrir el puesto que estás considerando**. Si, así es, deja de pensar que solo existe un CV y deberá ser igual para todos los puestos de trabajo que en este momento se encuentran abiertos.

Más adelante veremos cómo es que deberían ser expuestas estas razones dentro de la construcción de tus CV's.

Considera también tus éxitos personales. **Si no tienes una amplia historia de trabajo, por lo pronto sí la tienes como persona**. Tu familia, tus amigos, tus grupos sociales. Tal vez has participado activamente en esos ámbitos y habrás conseguido razones de satisfacción y orgullo.

Ha llegado el momento de iniciar tu inventario personal. Si hemos de mostrar nuestra historia laboral, haz un esfuerzo por recordar, para cada puesto, tus actividades, tus funciones del día a día, pero más allá de esto que llega a ser común en la rutina de un puesto determinado de trabajo y que seguramente también habrán realizado otros que pretenden el mismo puesto, trata de **identificar en qué te distinguiste, lo que aportaste, lo que renovaste, tus propuestas, tus reconocimientos**.

Algo parecido a esto: Fábrica de Papel La Luz (omite fórmulas legales como SA De CV y demás florituras). Simplemente

Fábrica de Papel La Luz:
- ✓ Primer lugar en mi proyecto de ahorro
- ✓ Propuse un proyecto de optimización del uso de electricidad
- ✓ Conseguí, junto con mis compañeros, destacarnos por haber superado las metas en un 20% cada trimestre durante tal o cual período de tiempo,

✓ Etc.

Puesto: Coordinador de...

Período: noviembre del 2010 a (última fecha o simplemente trabajo actual)

Si ves, el puesto puede ser muy parecido entre una y otra empresa, si existe alguna función o conocimiento específico, te lo preguntarán durante la primera entrevista. Eso sí, lo importante es destacar tus logros como hicimos en el ejemplo anterior. Eso **te hace único, irrepetible y tal vez hasta mejor que tus competidores laborales.**

En adición, estarás proporcionando un tema interesante para tu entrevistador, podrás hablar de esto que al haber sido uno de tus logros, te **generará un sentimiento de confianza y seguridad. Es tu terreno, es tu propia experiencia, es el medio donde mejor te podrías sentir** y desenvolver.

¿No sería mucho mejor tener un CV compuesto por tus éxitos y logros en el trabajo, en lugar de una especie de catálogo de puestos que no informan más que el camino que has llevado y no dicen mucho de tu persona, ni de tus talentos?

En lugar de mencionar en tu CV que fuiste Analista o Coordinador, Gerente o director en tal y cual puesto, podrías decir algo así: Como Coordinador del área de Tal, **logré disminuir la rotación del personal que venía siendo del 40%, llegando a solo el 10%. Otro más: Como Analista** en tal o cual sistema, encontré un método o fórmula que llevó a nuestro grupo de trabajo hacer más eficiente nuestro proceso, con lo cual hubo un ahorro del 20% de tiempo que antes se realizaba. ¿Verdad que es mucho más interesante así?

No te ocultes, no seas ahora humilde, muestra lo que te destaca; ¡lo que te hace mejor!

Lo que hayas logrado en el pasado resultará **más importante que toda la "paja" que quieras meter** dentro de tu CV. En otra sección del CV podrás incluir tus conocimientos, competencias y habilidades que pudieran ser relevantes para el puesto que pretendes.

Te recomiendo esta tarea:

Elabora una **lista, tan grande como puedas** de todo lo importante de tu vida personal y laboral. Piensa en los diplomas, felicitaciones, aplausos, reconocimientos, premios que hubieras recibido. Revisa las cartas de recomendación que realmente hablan bien de ti, aquello de lo que platicaste con tus amigos y familiares relativos a tus aportaciones en el trabajo o en los grupos donde has pertenecido.

- *"Me acuerdo del bono especial que me otorgaron por haber resuelto un problema complicado a un cliente cuando trabajaba en ... "*
- *Nunca se me va a olvidar cómo nuestro grupo de promotores siempre obtuvo el primer lugar de ventas en la región.*
- *Haber logrado una disminución del gasto en un 25% dentro de esa empresa me generó un premio de 2 meses de sueldo.*
- *Siendo estudiante, participé en la organización de todas las actividades extraescolares y con eso logramos que varios de nuestros compañeros pudieran conocer el mar.*
- *Aún conservo el diploma por mi participación destacada cuando me nombraron el mejor analista en mi primer pue-*

sto de trabajo.

Haz la tarea, no dejes de hacerlo, esto no solo te permitirá construir tu CV, también te aportará seguridad y confianza en tus entrevistas de trabajo y, lo más importante, **te sentirás orgulloso de ti y tu desempeño**. Todo esto, además **será lo que tu entrevistador quiere escuchar** para sentir que ha hecho bien su elección por ti; contágialo de tus éxitos.

Recuerda, no todos somos iguales, no quiero simplemente un ingeniero, un coordinador, gerente o director. Quiero al mejor, al que se destaque, a quien haya podido conseguir logros en el pasado y que tal vez podrá repetir cuando forme parte de nuestro equipo.

Aprende del buen vendedor:
¡Muestra lo mejor de ti!

Cuando te presentes a la entrevista, no seas un empleado más, no seas solo un asistente, analista, psicólogo o ingeniero del montón. Recuerda que eres especial, único y has hecho cosas valiosas en tu vida que podrías repetir en el futuro.

Así, cuando vayas a hacer tu CV no incluyas solo una lista de empleos, lo que importa realmente es conocer **qué retos enfrentaste, cómo los superaste**, tus logros, tus éxitos.

¿Cómo saliste de problemas en el pasado? ¡Esos eran tus retos!

Salir de ellos, también son tus logros.

Bueno, tal vez existen **experiencias de tu pasado laboral que no te hacen sentir orgulloso**, te preocupan y no te favorecen realmente. ¿Te corrieron de un empleo? ¿Entablaste una demanda laboral en alguna empresa y temes que perjudique tu búsqueda? ¿Te perdieron la confianza? ¿Eres madre soltera? ¿Divorciado-a? ¿Algo no te gusta de tu forma de ser?

De entrada, te digo que esto no es fácil y por lo pronto deberás resolver cualquier problema o circunstancia que pueda afectarte laboralmente. Confíaselo a alguien de tu confianza. Alguien que conozca del tema y pueda darte una correcta orientación y solución. También debes entender que **el haber pasado por una mala experiencia no necesariamente es algo negativo para tu persona**. Personalmente **no confiaría mucho en alguien que nunca se hubiera equivocado** pues todos lo hacemos, algunos de una manera preocupante, pero de esas experiencias, seguramente surgimos enriquecidos, con un buen aprendizaje y, sobre todo, con lo necesario para no volver a caer en el mismo error. **Serás más valioso, actuarás con más cuidado y con esto reducirás el riesgo de fallar de nuevo.**

Platica con alguien que pueda orientarte, alguien que no hubiera estado relacionado con el conflicto vivido, tal vez un maestro, un sacerdote, un buen vecino, el médico de confianza o hasta un jefe del pasado. Aprenderás a ver el mundo diferente y podrás enfrentarlo de una mejor manera y una visión más clara; tal vez no es tan grave como lo juzgas tú mismo.

Piénsalo bien, no hay nada ni nadie que te impida tener trabajo, es un derecho, nada deberá impedírtelo. Además, ese trabajo debe ser bien remunerado, digno y valioso. **He conocido personas que rehacen su vida,** a pesar de haber pasado un largo tiempo en la cárcel y además obteniendo magníficos puestos y desarrollo profesional, quedando en el olvido toda esa época oscura de sus vidas.

¡Haberte equivocado solo te hizo aprender y es poco probable que vuelvas a caer en tus errores!

Cometer un error no es malo; solo es parte de tu formación como persona.

Ahora regresa a tu listado de éxitos, entiende tus cualidades y ventajas, entiende lo aprendido en tus errores, no te desanimes. No solo te preocupes por ocultar lo malo, comprende que **tal vez son hasta tus mejores herramientas para buscar un empleo.**

Me preocuparía mucho contratar a alguien que no se hubiese equivocado pues, necesariamente llegará a cometer algún error y tal vez tan grande que podrá hacer daño a mi organización. Prefiero alguien que haya aprendido.

Tu mismo entrevistador es imperfecto, tal vez su pasado también tiene errores, cosas que no le gustan de él o ella. No somos perfectos, recuerda, somos diferentes.

Piensa en su lista de cosas buenas, aprendizajes, triunfos y éxitos. Déjala abierta, siempre podrás añadir cosas que recuerdes y que podrían ser lo que más valioso te puede hacer.

Acuérdate:

- Lo más importante para conseguir ese trabajo son: tus **conocimientos, tus habilidades especiales**, tus competencias y con mayor razón los éxitos que hayas acumulado.
- **Dice mucho más un CV armado con tus logros, retos y éxitos que una simple descripción** de trabajos, funciones y fechas. Destaca siempre en tu CV tus cualidades personales y únicas.
- **Elabora tu lista de logros, no olvides incluir tus errores**, pero, sobre todo, lo que de ellos aprendiste, cómo es que te enriquecieron. Todo esto podrá ser el material para tratar durante tus entrevistas y son muy buenas razones para sentir un gran orgullo profesional.

III NUESTRA ACTITUD ANTE LA BÚSQUEDA

No basta conque sepas mucho, tampoco tus experiencias pasadas a la hora de hacer tu búsqueda. Existen **otros elementos que son los que inclinarán la balanza** hacia ti e incrementan tus posibilidades de éxito

Hablamos de la actitud, es decir, la forma en que nos presentamos a esa empresa deseada, a quienes nos entrevistan. Y conocer algo de la actitud será fundamental para garantizar tus resultados.

**La actitud será la máxima responsable en el éxito
o fracaso de tu búsqueda.**

Tal vez has sido de esas personas que consideran que fracasar en la búsqueda es **debido a su "mala suerte" ya que lo intentan y lo intentan sin conseguir su propósito**. Es más, llegan a darse por vencidas y claro, a la hora de cualquier entrevista logran transmitir este sentimiento a quienes llegaran a otorgarles una cita. Son seres **pesimistas, derrotados, acabados** y, claro, seguros de que tampoco en esta ocasión van a ser contratados. Eso lo dan por hecho y como creen saberlo, ni llegan a tiempo, ni se preocupan por su ropa y **llevan consigo un CV ya borroso, desactualizado** y hecho de manera descuidada, poco seria y solo por salir del paso.

Pero no son los únicos "eternos buscadores" también se encuentran en ese grupo aquellos que **de entrada se descalifican**. Es decir, de antemano, se dicen que ni están preparados para el puesto, ni tienen el talento o virtudes de otros, seguramente más valiosos que ellos. Con esto, tal vez, no vale la pena ni intentarlo. **Acuden**

a las entrevistas como autómatas, como seres sin sentidos y **solo esperan salir pronto del proceso de entrevista** confiando en el resultado negativo a su solicitud. Obvio, no los van a contratar.

Han leído los requisitos, están advertidos de que es inútil presentarse si no se cubren los requisitos publicados y se asustan, tal vez se pasaron de la edad por unos cuantos años, el género masculino o femenino además de incomprensible resulta que no necesariamente es absoluto. Siempre **existen razones para romper paradigmas, salir de lo convencional**, ser diferentes y en eso podría en el último de los casos el éxito de la empresa. **Es mejor que te lo digan**, te expliquen que no cubres los requisitos, pero, por lo menos pídeles que conozcan tu trayectoria, tus éxitos y tal vez hasta la forma en que podrías ayudar al crecimiento de la empresa contratante.

Pero reconozcamos también que existen muchos casos, tal vez el tuyo, donde se han cubierto todos los requisitos, **todo se manejó bien, pero como que faltó "algo** más" para llegar al momento de la contratación.

Los requisitos solo son guías para explicar lo que la empresa busca, no son reglas inmutables ni leyes que se tengan que cumplir sin excepción. Buscan personas; ¡las mejores personas!

EL ÉXITO DE CUALQUIER EMPRESA SE BASA EN FORMAR EXCELENTES EQUIPOS DE TRABAJO; AHÍ ES DONDE DEBES ESTAR TÚ.

Fíjate bien y recuerda en tus intentos anteriores. ¿Eres de los que en el trayecto a la entrevista ya te descalificaste? ¿Piensas que ese empleo no es para ti? ¿Qué **solo con muy buena suerte podrías conseguirlo?** Bueno, imagínate al llegar a la empresa. Estarás inseguro, creerás que te están haciendo un gran favor solo con recibirte, te "cacharán" en tus defectos y claro, desde tu saludo, **tu voz, postura e imagen lo vas a proyectar de una manera clara.** No seas injusto contigo, recuerda tu lista de logros, ventajas y éxitos. ¿Verdad que tienes mucho que ofrecer a esa empresa? ¿Verdad que los puedes ayudar a ser tan exitosos como tú?

Permite al entrevistador conocerte por él mismo, permítele conocer tus éxitos, tus logros, déjale ver tus talentos, conocimientos y experiencia. En ese momento su objetivo es conocerte. Tú no debieras poner en sus pensamientos tus propios juicios, recuerda que muchas veces **somos los peores jueces cuando se trata de nosotros mismos**.

> **No seas tan duro al juzgarte, quien te entrevista seguro es más tolerante.**

Tal vez no lo sabes, pero las empresas frecuentemente flexibilizan los **requisitos de un puesto para poderlo adaptar a las personas adecuadas**. Recuerda, los requisitos son una guía y están al servicio de quienes contratan para su orientación. Muchos de los requisitos que aparecen en los puestos, realmente no son tan importantes, es más, mucho de ellos casi son imposibles debido a lo específico de la gestión de las empresas. En todo caso, **lo más importante será la primera impresión que causes a quienes te entrevistan**.

Hay ocasiones en donde te dicen que hablar inglés es absolutamente necesario para un puesto, pero si preguntas cuántas ocasiones o frecuencia se tendrá que utilizar, resulta que **no es más que una cuestión de estatus del jefe quien desea que el personal de su área sea bilingüe** y el dominio de dicho idioma, realmente no es tan necesario, ni urgente. Obviamente existen excepciones en donde el uso de otro idioma es sí, un requisito ya que se tendrá un constante contacto con esta lengua durante el día a día.

Nos encontramos mucho con aquello de **"Una presentación excelente"**. Es un término que nadie sabe exactamente a qué se refiere y **menos aún se tiene la capacidad para describirlo**. Lo que para un entrevistador resulta ser algo excelente, para otro puede no serlo y aún más, tal vez el puesto no exigirá mucho trato con personas ajenas a la empresa en cuyo caso, no se justifica mucho eso de la presentación excelente. En adición, los cánones para la presentación cambian constantemente. Hoy la vestimenta pareciera más relajada y cómoda de lo que fue hace 20 años; en muchas organizaciones, donde la imagen para proyectar al público es de suma importancia **prefieren dotar de la vestimenta o uniformes adecuados en base a sus propias estrategias** de imagen. Así, cuando veas que la presentación debe ser excelente, no te descalifiques si no tienes ropa a la medida o de moda para poder lograrlo.

Eso sí, otras empresas, por razones de su imagen o giro, rechazarán personas con tatuajes o perforaciones visibles y hasta grandes. Por eso **es importante que conozcas de antemano la empresa que quieres trabajar** y si has decidido por los tatuajes y perforaciones, entender cómo será la empresa que te contrate. En la categoría de empresas que probablemente no te contratarán se encuentran las de seguridad, las restauranteras, hotelería, servicios médicos, moda convencional, etc.

Con un poco de experiencia y análisis te darás cuenta de que **el género, la edad, apariencia y hasta ciertos conocimientos llegan a perder su importancia a la hora de que alguien se decide por contratar a alguien.** Lleva al entrevistador a pensar **cuáles requisitos son indispensables**; cuales muy **importantes** y los que estaría bien si los tuvieras, pero no significan un problema para contratarte. Solo pregunta **cómo o cuándo se considera que van a aplicar ese conocimiento** o destreza para el puesto en ciernes y si se podría compensar con alguna de tus tantas cualidades laborales. Tal vez preguntar la importancia de contar con esa excelente presentación llevará a tu entrevistador a reconsiderar el valor que está dando al requisito.

Nunca te des por vencido antes de presentarte a tu primera entrevista. Ya podrás darte cuenta en lo que dice el entrevistador, en sus gestos, actitudes y silencios si realmente te estará considerando para el puesto. Difícilmente te lo dirá de manera directa, existe aún mucho temor a decir "no" entre muchas personas y bueno, por otro lado, tal vez no eres el candidato ideal, sin embargo, realmente quieren conocer a otros para ver si eres el mejor de ellos.

Lo que sí puedes hacer es apelar a su compromiso con lo justo. Puedes explicar que, ya que tú has tomado el tiempo y te preparaste para la entrevista, **agradecerás si te hacen saber en un correo simple si has quedado descartado para no seguir considerando la opción** de ingresar a esa empresa. Ojo, hazlo de una manera elegante, usa una frase sencilla como "le agradecería mucho si me hace conocer la resolución, sea ésta la que sea ya que tú acudiste gustosamente a tu entrevista".

En cuanto a los tiempos entendamos lo siguiente. Por un lado, quien busca un trabajo, y en este caso eres tú. **No debiera cerrarse a una sola organización.** El trabajo sí existe en muchas partes, los candidatos son muchos y por muchas razones una empresa podría dilatar la contratación o bien, suspender el proceso de conocer a más candidatos. Por principio te digo que no pienses en que es **algo que hiciste mal o bien por alguna carencia**, etc. Simplemente no fuiste tú para ese puesto, sin que esto signifique que no lo eres para otra empresa similar. Por otro lado, las empresas **pueden retrasar la contratación pues están redefiniendo** su estrategia y tal vez hasta cambien el perfil del puesto y/o la importancia de éste ya no resulte tan urgente.

Mientras más alto es el nivel, la contratación puede resultar más lenta. Y piénsalo, a mayor remuneración quisieran tener una mayor certeza de la correcta selección. A ninguna empresa le gusta realmente incorporar a alguien pensando que solo durará un mes. Más bien quieren ver una relación de largo plazo. **Quieren un compromiso de ambas partes**, necesitan tener la mayor seguridad.

Por otro lado, también te digo que una contratación, **no necesariamente se da en la primera entrevista.** Es muy común que antes de que se tome una decisión por un candidato, se tengan varias entrevistas, sobre todo con las personas con quienes tendrás mayor relación. Y el hecho de pasar a las siguientes entrevistas, tampoco significa que el momento de tu contratación está cerca. Pueden estar en esta etapa **hasta tres o cuatro personas más.**

Luego vendrán los **distintos exámenes**: De conocimientos, psicométricos, estudios socioeconómicos, revisión de referencias, documentación completa, etc. Y todo esto toma un tiempo, por un lado, no te desesperes, tal vez la contratación es inminente. Sin embargo, **mientras no tengas una oferta de trabajo formal,** es decir, una carta propuesta por parte de tu futuro patrón, **no tienes que considerar que ya es un hecho**. ¡Cuántas veces conocí personas que dejaron su trabajo por un ofrecimiento poco formal de ingresar a otra empresa!

Distingue tú entre requisitos imprescindibles, muy importantes y deseables.

Muchas veces hasta los más rígidos requisitos pueden trucarse por otras de tus magníficas cualidades laborales y el candidato ideal bien puedes ser tú.

Ya te lo dije antes, **imita a los buenos vendedores**, al buscar empleo deja saber a tu entrevistador:

a) Eres un **profesional** (vendiéndote)

b) **Sabes bien qué quieres**, cómo lo quieres y dónde quieres llegar

c) Recuerda que **en cada entrevista sabes bien tu objetivo**

d) Muestras seguridad, **confianza, orgullo** de quien eres

e) Eres un verdadero experto en tu producto a vender (tú mismo). **Nadie conoce mejor que tú todo tu valor**

f) Sabes también **escuchar y estar atento a tus entrevistadores** (posible cliente del producto final que eres tú) y en base a lo escuchado es que puedes ofrecer **soluciones**

g) **Eres alguien optimista, positivo** y conoces bien lo que se esperaría de alguien para ocupar ese puesto soñado

h) **No hablas mal de otros candidatos, nunca hablas mal de tus anteriores jefes** o compañeros de trabajo. Tu cometido es **hablar bien de ti,** no necesitas concentrarte en nadie más, ya que eres lo más importante en ese momento

Si has seguido este curso con cuidado hasta este momento,

debes conocerte mejor, sabes cuáles son tus cualidades, también tus limitaciones y como resolverlas. **Ya estás bastante preparado para llevar a cabo una entrevista laboral.** El conocimiento que tienes hasta ahora te permite actuar con una actitud más positiva, con mayor seguridad y gran confianza. Ya puedes hacer algunas pruebas, has dominado el tema de la actitud ante la búsqueda del trabajo ideal.

No importa cuánto tiempo lleves buscando trabajo: este es el momento de reiniciar con una nueva actitud, con nuevas ganas, sin importar tu edad, sexo o demás condiciones personales.

Todos tenemos derecho a un trabajo digno y justamente remunerado. Para lograrlo, para que tú consigas el trabajo, deberás prepararte, emprender tu búsqueda con alegría dado que ya te **conoces bien y lo capaz de conseguir cosas importantes** y grandes como lo has hecho en el pasado.

No seas de esos que se sienten mal por hablar bien de ellos mismos, tal vez se les enseñó a ser modestos y lo ven como una virtud. Entonces hablar bien de ellos les producirá cierta inseguridad por sentir que andan presumiendo. Piénsalo, tal vez eres una de estas personas, pero dime si los demás que están buscando tu mismo puesto no estarán mostrando lo mejor de ellos para quedarse con el puesto deseado. **Mientras más te conoces, más seguridad tendrás en tu persona** y mostrarás mayor profesionalismo.

En el último de los casos, siempre **será preferible un candidato presumiendo de sus logros y éxitos a uno modesto, reservado y, por lo mismo ansioso y tímido.** ¿Cuál quieres ser tú? Si eliges el primer camino, seguro dejarás un recuerdo a tus entrevistadores que tal vez ese mismo día tengan que conocer hasta veinte personas, si optas por la modestia, **te expones a pasar desapercibido** para ellos y al final del día ni te recordarán.

Es mejor ser recordado por tu presunción que ignorado por tu timidez.

Platica de todo esto con quienes más confianza tengas, tu familia, amigos, colegas y diles por qué lo estás haciendo, verás que ellos te ayudarán a expresarlo mejor y generarás más confianza en ti mismo, o hasta **podrán mostrarte cosas que no habías considerado** y resultarían muy importantes para tus entrevistas.

Esta actitud, esta forma de enfrentar la vida es válida no solo para una entrevista de trabajo, también lo **es para todas tus actividades en la búsqueda de trabajo**: sé optimista siempre que busques empleo, en especial cuando las cosas no estén saliendo a "pedir de boca".

No olvides que es casi imposible conseguir empleo siendo negativo, pesimista, desesperado o triste. El éxito lo tendrán los que se conocen bien, los optimistas, los que **dejan huella** en sus entrevistas.

Ser positivo no es algo "actuado": es toda una actitud y debe acompañarte todo el proceso y después cuando ya te encuentres trabajando. Esa actitud nace de lo que eres: tus conocimientos, habilidades, logros, éxitos.

Acuérdate:

- Tu actitud será **determinante para conseguir** el trabajo que has deseado.
- Un empleo es mucho **más que una serie de requisitos**, ¿Qué más puedes aportar al puesto con todo lo que vales?
- Existen requisitos indispensables, **importantes y deseables**. Entiéndelos; ¡No te descalifiques tú mismo!
- Conocerte bien y saber lo valioso que eres y te transformarán en un buscador optimista, exitoso y **todo de manera natural**.
- Prepárate bien e inicia o reinicia esta búsqueda laboral. **Ahora cuentas con más y mejores armas.**
- Es precisamente tu actitud la mejor herramienta de

búsqueda de ese empleo que deseas, es **como tu "mano derecha" y puede superar otros factores**.

IV ¿QUÉ ES EL TRABAJO QUE ESTOY BUSCANDO?

Quiero suponer que **no solo estás buscando un empleo cualquiera**, si has llegado hasta aquí en la lectura es que pretendes **un gran empleo**, ese que has estado buscando por tiempo, has soñado y deseado y está ya en tu plan de vida. Es un empleo que te **permite realizarte** no solo de manera profesional, también te ayudará en tu crecimiento personal, es un empleo que te interesa, te hace sentir **feliz, productivo e importante para todos**. Y seguramente tiene mucho que ver tanto con tus intereses como con tus habilidades personales, tus estudios y vocación.

Existen **multitud de anuncios** en las distintas bolsas de trabajo, revistas, periódicos, internet, etc. Se trata de una enorme variedad de puestos, cada uno con sus requisitos y características y esto debería mostrarte cómo **las empresas tratan también de ser muy creativas** al ofrecer los puestos y atraer a los mejores para sus puestos. Sin embargo, debes ser cuidadoso, **no todos los anunciantes son serios**, no todos tienen buenas intenciones. Así, deberás ser muy cuidadoso en tu búsqueda si es que has optado por mirar esos anuncios en bolsas y anuncios múltiples. No te fíes solo de las apariencias.

Nunca aceptes el trabajo que "caiga". Se muy cuidadoso con los anuncios.

Y bien, ¿**cómo puedo saber** si un anuncio es serio, formal, verdadero?

1. Las ofertas serias casi siempre **mencionarán el nombre de la empresa que está contratando, no existe en lo general una razón válida para no darlo a conocer.** Es como su firma, los recomienda su nombre, su prestigio. También las empresas intermediarias, como agencias o "head hunters" (caza talentos) mencionan su marca y con ello su prestigio. Si en el anuncio solo viene un nombre, o un correo o teléfono, ten cuidado, tal vez están tratando de ocultar algo impropio.

2. **Nadie te regala dinero, huye de anuncios** que te ofrezcan grandes cantidades por un mínimo de trabajo y esfuerzo. Tú conoces bien lo que puedes ganar en base a tus conocimientos y talento, tal vez conoces personas con un trabajo como el que buscas y sabes cuánto le pagan. Ten mucho cuidado con esas ofertas de ganar mucho dinero, **pueden estar cazando ingenuos** y podrías resultar una de sus presas.

3. **Descarta cualquier oferta que te ofrezca un trabajo deshonesto o de dudosa moral.** Ofertas que ofrecen trabajo a quienes tengan un **"amplio criterio" no siempre buscan esa amplitud de criterio sino personas que ni criterio tienen,** ni valores para actividades ilícitas, poco éticas y tal vez lejanas a tus principios. Aceptar un trabajo como éste **te hará sentir sucio e infeliz,** tal vez no era lo que soñabas. Tus decisiones son responsables de tu vida y felicidad. ¡Cuidado!

4. **No existe ningún empleo fácil:** conseguir un empleo y conservarlo es un asunto serio que exigirá de todo tu esfuerzo. **Aquello que pudiera parecer fácil, tal vez implica algo verdaderamente difícil.** No te confíes, entérate a fondo de lo que implica ese trabajo y lo que requerirá de ti. No aceptes esos anuncios que se disfrazan o bien, no explican exactamente de lo que se trata y se espera de ti, como **"Supervisa personal en tus horas libres..."** o

bien "¡**Atención! Solo contrataremos hoy, ¡Única opor-tunidad!** Y qué te parece éste: "Modelos y edecanes: no importa experiencia, nosotros te preparamos sin importar tu edad, sexo o estudios". Y mira éste: "Se buscan mujeres ambiciosas para relaciones públicas" y éste **"Te conseguimos trabajo en USA**, Canadá o donde tú quieras" etc. No siempre son anuncios de trabajo, son empresas que **te podrían pedir dinero a cuenta para trámites o gestiones** sin que realmente tengan el propósito de conseguirte empleo en esos países. Buscan un despistado y no quiero que ese seas tú.

5. Y hablando de esto último, **nunca aceptes un empleo donde te exijan de entrada una "inversión"** o aportación en dinero, trabajos donde tengas que pagar por una cap-acitación previa. Lo único que pasará es que perderás tu tiempo (y tu dinero).

Vales mucho como para perder todo lo que has logrado hasta ahora en tu vida, recuerda que tienes cosas muy bien hechas, con-ocimiento, experiencia y éxitos, **aceptar ese tipo de trabajos no hace más que rebajarte, va en contra de tus principios y de aquel-los de tu familia.** Tal vez solo estás siendo víctima de un fraude disfrazado. Sé muy cuidadoso.

Hiciste tu inventario de recursos: conocimientos, éxitos, logros, retos, habilidades. Y sabes bien que **eres muy valioso**. Ahora estás preparado para elegir, definir qué trabajo quieres.

Eres muy valioso, puedes conseguir el trabajo que buscas, y la empresa que te contrate también debe ser muy valiosa, no aceptes "cualquier cosa".

Si por el momento no estás trabajando, ni estudiando, seguro dis-pones de tiempo y energía para pensar bien y tener un buen plan. Pregunta primero ¿Cuál es el trabajo que quiero conseguir? **¿Cómo se podrían aprovechar mejor todas mis cualidades personales y laborales?** Y muy importante, ¿A quién podrían ser útiles? Y más allá ¿Yo **qué quiero lograr en mi vida** profesional al corto, mediano y largo plazos?

Si bien, ahora estás trabajando o estudiando, deberías darte el tiempo necesario para responder a esas mismas preguntas, tal vez, en el caso de los que trabajan, **ese empleo pudiera estar dentro de la misma empresa** donde están prestando sus servicios.

Define un plan para conseguir ese trabajo y antes que nada piensa si no estará en la empresa donde ya estás trabajando.

Responder a todas esas preguntas será una **condición previa a tu búsqueda de empleo**. Entiende, aquí no estamos hablando de cuánto quieres ganar o el puesto a ocupar, esto vendrá después de que hayas resuelto las preguntas anteriores.

Y por favor, **nunca dejes el empleo que ahora tienes para poder darte tiempo** de conseguir otro. Te podrías quedar en la búsqueda durante meses y darás una pésima imagen de ti.

Aún cuando solo pienses en ganar más de lo que actualmente ganes, **deberás tener un plan serio de acción y determinar cómo es que vas a lograr tu propósito**, cuáles serían las ventajas o desventajas de hacerlo y, sobre todo, cuáles serán los atributos que te hacen más valioso, es decir, la respuesta al "por qué tendrían que contratarte a ti y no a otros candidatos".

Si ya sabes bien qué es lo que buscas y cómo aprovechar lo que tienes, entonces estás listo para **hacer una lista de 10 o 20 empresas (tarea importantísima)** donde te gustaría trabajar. Piensa cuando la hagas qué ventajas tiene y qué es lo que te interesa de cada una de ellas; puede ser por su tamaño, cercanía o bien certificaciones de ISO o "Mejores lugares para Trabajar", si puedes, **conoce de antemano cuáles son sus prestaciones** y hasta cómo se sienten de felices quienes ahí trabajan. Usa el teléfono, **usa las redes sociales, usa todo a tu alcance** para conocer bien esas empresas antes de decidirte por alguna o algunas.

AHORA TÚ ESCOGES DÓNDE QUIERES TRABAJAR.

Una vez hayas determinado esas empresas, deberás tratar de conocer todo lo que puedas de ellas, ¿Cuántos empleados tienen? ¿Te permitiría seguir con tus planes profesionales? ¿Podrás alcanzar ciertos puestos más altos? ¿Quiénes son sus principales ejecutivos? Y, sobre todo, **¿Cómo se llamaría quien sería tu futuro jefe directo si te llegaran a contratar?**

Cada vez es más sencillo conocer todos estos datos, **usa las redes sociales como Facebook**, Linkedlin, Tweeter, etc. Llama por teléfono y pide a quien te conteste el nombre del responsable de tal o cual departamento a quien le enviarás una invitación o propuesta de negocio. **Sé creativo, indaga, conoce, busca.** Y si, al final, no obtienes todo lo que buscas, tampoco te desesperes, no vayas a utilizar todo tu tiempo en conseguir esos datos, recuerda, no es que mañana tengas que iniciar un nuevo trabajo, pero sí debes hacerlo para que ocurra lo mejor y más pronto posible. De lo que se trata en esta fase de búsqueda es de **estar lo mejor informado acerca de la empresa**, el puesto y todo lo relacionado con el trabajo. También será un tema que te permitirá seguridad y confianza durante tus entrevistas. Nunca he podido entender que alguien llegue a una entrevista de trabajo y no conozca nada de la empresa donde los estamos llamando, vamos, **ni siquiera entraron a revisar si tienen una página WEB** o bien algo de publicidad, etc.

Si está en tus posibilidades, también platica con **empleados que**

están en el área donde quieres ingresar, con las redes sociales se facilita mucho llegar a conocer por tus contactos a alguien que conozca a otro dentro de esa empresa. Y cuando lo hayas hecho, pregúntales si están contentos en el trabajo, **si han podido continuar con su desarrollo** profesional, cómo es el jefe. Usa todo tu ingenio para conocer al máximo la empresa. Mientras más la conozcas, **más fácil te será ofrecerles lo que necesitan** de ti o cómo podrás tú contribuir con el logro de sus metas; ¿te das cuenta?

Me vas a decir, que tal vez no hay una vacante para el puesto que pretendes. Tal vez ni siquiera la están anunciando. Pero te digo, tú **no sabes cuándo puede surgir la necesidad en esa empresa**, o bien si otra empresa con un puesto similar está buscando una persona como tú. Y si piensas más en tus talentos, tal vez eres tú quien **por fin podrá dar una solución** a esa empresa de aquello que han estado buscando.

Por supuesto que, **si en las bolsas de trabajo o anuncios encuentras** que una empresa y puesto serían de tu interés, **no dejes de añadirlas en tu listado**, de ellos, por lo pronto sabes que sí tienen un puesto vacante y que ese puesto debería ser tuyo. Manda tu CV, manda tu carta de presentación, pero **mientras llega la entrevista, también deberás conocerla** a fondo y, sobre todo, entender **por qué existe ese puesto vacante**; ¿Corrieron al último? ¿La empresa está expandiéndose? ¿Hubo una promoción?

LAS EMPRESAS NOS PIDEN REFERENCIAS; TIENES TÚ LAS SUYAS?

Ahora también cuentas con un listado de esas empresas. Enumé-ralas **de acuerdo con tus propias prioridades, dales el orden** en que vas a intentar ingresar en ellas. De hecho, te recomiendo co-menzar con las que diste del 1° al 5° sitio, **luego irías de la 6 a la 10** y así... ¡Lo más probable es que quedes en una de las primeras cinco!

Conociendo a la empresa y las personas que ahí trabajan te ayudará a deducir la manera **como serías una solución a sus problemas o necesidades**; piensa en todas tus ventajas como em-pleado y en las ventajas de la empresa como institución para desarrollarte y crecer profesionalmente.

Estudia qué podría estar buscando la empresa, es ahí donde tú podrías aportar.

No dejes de revisar todos los anuncios de empleo en bolsas o internet. Investiga antes a la empresa contratante y ten en cuenta todo lo que hemos comentado aquí.

Conoce a la empresa a fondo, recuerda que al haber hecho pública la invitación a algún puesto, **acudirán muchos candidatos. Estú-diala no solo para que sepas lo que puedes llegar a ofrecerles, también es importante para evitarte disgustos** y desilusiones.

Piensa si ese empleo guarda relación con tus propios planes, necesidades, principios y valores. Piensa cómo puedes beneficiarlos. Recuerda que no tiene **nada de malo que te informes antes de aceptar un trabajo. De hecho, debe ser uno de tus propios requisitos para aceptar un empleo.** Ya que te hayan hecho alguna oferta, pregúntales, platica con ellos y verás que están dispuestos a hablar de quiénes son y lo que esperarían de ti. Es importante conocer el puesto de tu jefe inmediato, pregunta acerca del número de personas que han tenido el puesto en los últimos 2 años, **no vayas a encontrarte con un problema serio de mal liderazgo**, cuántos conforman el equipo de trabajo y si tienen algunas historias de éxito en desarrollo y promociones dentro de la empresa.

De antemano, **prepara tus preguntas, normalmente antes de firmar un contrato te dirán si tienes alguna duda o quisieras saber algo más.** Si no te preguntan, es tu obligación investigar. Quien nada tiene que ocultar, tampoco esconde información. Ahora si te niegan la información o bien te contestan **de una manera confusa, ten cuidado**, el ambiente de trabajo pudiera tener alguna dificultad y caerías en un ambiente laboral poco propicio.

Pregunta todo lo que necesites de la empresa antes de comprometerte.

Acuérdate:

- Sabes lo difícil que es conseguir empleo; haz **tu búsqueda con mayor cuidado del que la mayoría** de los participantes están poniendo en esto.
- No todos los anunciantes de empleos son serios. **No caigas en un engaño; ¡Cuidado!**
- **Eres muy valioso** y tienes el derecho a conseguir el tra-

bajo que estás buscando.

- Haz una selección previa de hasta **20 empresas donde te gustaría trabajar**, realiza un inventario de todo lo que puedas averiguar de ellas.
- No olvides que el empleo que ahora buscas **pudiera estar, precisamente dentro** de la empresa que laboras.
- Piensa bien en **lo que puedes ofrecer a una empresa** para el empleo que pretendes.
- **Averigua el nombre y puesto de quien pudiera ser tu jefe** directo y tus acciones debieran estar dirigida a él precisamente.

V LA CARTA DE PRESENTACIÓN

En este punto, tal vez has decidido ya qué empresa-s te gustaría trabajar. Hiciste un examen serio de las posibilidades, conocimientos y méritos tuyos y lo que puedan ofrecerte ellos. Llegó el **momento de elaborar tu plan genera para conseguir ese empleo que has soñado.** Este plan tiene en principio, 3 elementos a considerar: **presentación, calendario y herramientas**.

La presentación. Consiste en decidir cómo te vas a presentar a la empresa donde quieres trabajar, **cómo lograrás que te conozcan** y sepan todo lo que puedes aportarles si te contrataran.

Define cómo hacer para que te conozca esa empresa, o tu futuro jefe.

Lo ideal sería lograr que te conozcan **de manera directa con quien podría llegar a ser tu jefe directo. En esto deberías ser muy creativo**, es la mejor forma de ingresar a una empresa. Búscalo por teléfono, mándale un mail y explícale un poco del proyecto que te gustaría platicar con él, ojo, **no estás pidiendo trabajo, le vas a proponer un proyecto** para el éxito de su área, debes despertar su interés, si dices que quieres trabajar ahí, seguro te mandará al departamento de personal. Solicítale una cita para exponerle dicho proyecto. Sugiere día y hora, dale un par de opciones, ejemplo "¿Nos podemos ver martes o miércoles?" ¿" Qué le parece a las 11 de la mañana o por la tarde?" le ayudarás con la respuesta. Si no acepta ninguna de tus opciones, pídele que te haga una propuesta de día y hora.

De más está decir lo bien que **tendrás que prepararte para esa cita**: debes estar claro con el proyecto a proponer, los horarios, tu forma de presentarte, incluso deberás pensar en el lenguaje que emplearás. Si es necesario, pide a alguien experto en técnicas de presentación o PowerPoint para que te auxilie con esta presentación. **Será un momento fundamental para tu gestión de búsqueda.**

Para conocer el nombre de tu futuro jefe, utiliza tu ingenio, pídeselo en quien contesta el teléfono, **no tienes que mentir, ni utilizar estrategias engañosas**, estarías empezando muy mal una relación donde podrías encontrar un camino profesional. Búscalos en su página WEB, muchas veces ahí viene el directorio con los nombres y trayectoria de los principales ejecutivos de la empresa. De mucha utilidad podría ser una red social profesional tipo LinkedIn.

Si no lo consigues, puedes intentar por solicitar solo un correo electrónico, domicilio para un correo tradicional, etc. El caso es que pueda llegar **al escritorio de tu futuro jefe una presentación** previa de quién eres y cómo podrías ayudarle en sus proyectos. Ojo, de momento, no estás mandando tu CV; ¡Una buena carta de presentación que explique lo que eres capaz de lograr para ellos sería una llave que te abrirá puertas!

Cuando estés preparado, llama a tu jefe para concertar una cita de presentación.

Solo en el caso de que tus gestiones para contactar con quien sería tu próximo jefe **no te produzcan resultados**, buscarás los canales tradicionales de búsqueda. Es decir, refiérete al Departamento de Recursos Humanos y envía a ellos una carta de presentación y tu CV.

Si lograste una entrevista y presentación con quien podría ser tu jefe directo, no olvides llevar, de forma impresa y con buena calidad tu CV. ¿Quién sabe? **¡A lo mejor en ese momento quiere conocerte más** desde el punto de vista laboral! ¡Será tu mejor promotor dentro de la organización! ¡Serás su "gallo"; su candidato!

En cuanto a la carta. Será una propuesta de trabajo, **indicarás quién eres, qué conoces de la empresa y, sobre todo**, la manera como puedes apoyarla. Por último, en ella incluye una breve descripción de tus conocimientos y atributos que pudieran ser interesantes para ellos, es decir, solo lo que pueda ser importante para un puesto o una empresa. Sabemos que tienes más atributos, pero para esa empresa, serán muy importantes unos cuantos, **tal vez dos o tres serán suficientes.**

Si tienes planeado enviar tu CV, menciónalo en la carta de presentación diciendo que lo estás anexando, diciendo que lo haces para lograr **que tengan un mayor conocimiento acerca de tus logros**, conocimientos y experiencia a lo largo de tu desarrollo profesional.

Por último, explícales que estás interesado en ofrecer tus servicios profesionales a una empresa **similar a la de ellos y por eso solicitas una entrevista lo más pronto posible** y poder platicar a fondo sobre el proyecto que quieres proponerles.

Cuando has logrado el primer acercamiento con tu futuro jefe, **te conviertes en "su candidato"**. Y esto te dará seguridad, pues "su candidato" siempre será el mejor, aunque deberá contar con el apoyo y asesoría del personal de Recursos Humanos.

Ellos, Recursos Humanos, te estarán agradecidos, pues les facilitas el trabajo. El candidato ya está preseleccionado por quien será su jefe y algunos de los requisitos que te pudieran haber faltado estarían cubiertos ya que **el jefe te ha aprobado; ¿entiendes?**

CONVIÉRTETE EN EL CANDIDATO DEL JEFE

Trata de conseguir una cita con el jefe. Diles a quienes contactes que existe un proyecto para discutir con él y quieres **presentarle una alternativa de productividad**, etc. Incluso, puedes añadir algún detalle de tu proyecto que pueda resultar como un gancho y despertar expectativa. Ahora bien, **no resultes alguien pesado que insiste** e insiste y enfades a quienes le asisten, recuerda que tal vez estas personas **son el mejor camino para llegar a la oficina** de tu próximo jefe.

Conoces bien la empresa, puedes llevar a tu jefe un borrador o un proyecto interesante para poder probar y esto podría ser **tu llave de entrada para que te prueben** laboralmente.

No importa que no exista ahora una vacante en esa empresa o con ese jefe, esto no debe detenerte en tu búsqueda. Aquí el objetivo es que te conozcan y sepan de lo que eres capaz en el trabajo. Es una magnífica oportunidad para "brillar" y ser la mejor opción cuando se requiera personal o bien para que tu futuro jefe **pueda compartir con empresas similares a la suya**, siempre y cuando le convenzas de que serías un candidato valioso e importante para la empresa.

Si no logras hablar con tu futuro jefe directo, entonces acércate al departamento de personal, pero recuerda que ellos siempre agradecen a los distintos jefes que les ayudan con el reclutamiento, es decir, presentan sus propios candidatos para los diferentes puestos.

Si has acudido al departamento de personal directamente, **no** dejes de pensar en que tienes un proyecto y una estrategia para poder ofrecer a la organización en base a tus conocimientos, habilidades y éxitos en el pasado. Ellos, los de Personal, sabrán también que están ofreciendo a consideración un magnífico candidato.

Con el área de Personal, siempre anexarás a tu CV una carta de presentación (no más de una hoja) donde indicarás de manera inmediata quién eres, tus atributos más importantes, tus logros y, sobre todo, por qué consideras que eres un magnífico candidato para esa empresa donde estás participando. **Menciona en esta carta lo que conoces de la empresa** y solicita una entrevista para poder platicar más acerca de tus logros profesionales.

Debes saber, además, que las áreas de Recursos Humanos de las empresas, **constantemente se comunican con sus colegas en otras organizaciones para buscar personal**; ¡es su principal fuente de reclutamiento! Intercambian información sobre los candidatos y recomiendan a los mejores, aquellos que por no tener en el momento una oportunidad han tenido que rechazar. Existen muchísimos **grupos donde se reúnen los encargados de la selección** de personal para hacer este tipo de intercambios. Considera una buena imagen con el personal de selección para que también seas un magnífico candidato para intercambiar con sus grupos y contactos.

En síntesis, deberás causar **siempre una muy buena impresión con la gente de Recursos Humanos pues llegan a ser tus mejores aliados** y promotores en la búsqueda de empleo: dales la oportunidad de conocerte, apreciarte y promoverte. No seas un candidato más en tu búsqueda. Siempre **procura dejar una huella** y te recuerden por tu presentación, tus éxitos, tus conquistas laborales.

Conviértete en el candidato valioso de R.H. ellos pueden promoverte dentro y fuera de la empresa.

Para tu mejor entendimiento, ahora quiero compartir algunos ejemplos de lo que sería una carta de presentación. Cuando te soliciten un CV vía correo electrónico, ésta debiera ser **la carta del texto del mensaje donde estás anexando** tu Currículum.

Ing. Carlos Gilberto González Aparicio

cggonzales@gmail.com

cel.: 552789 6959

Coyoacán, CdMx

Ing. Arturo Romo Cifuentes

Director de Operaciones

Industrias Plus, S.A. de C.V.

P r e s e n t e

Estimado Ing. Romo :

Me permito distraer su atención para someter a su consideración algunas ideas que tengo para **lograr hacer más eficaces los procesos operativos** dentro de Industrias Plus a la vez que **estaríamos reduciendo significativamente** los costos operativos.

(Idea a): (una idea general para lograr lo que ofreces)

(idea b): (otra alternativa para llevar a cabo tu propuesta)

He trabajado con mucho éxito en varias empresas desde hace ya 14 años y dentro de mis éxitos destaca la disminución de los **tiempos de entrega en un 25%,** con la consecuente y considerable reducción de los costos, lo que me hizo acreedor del **premio a la productividad en el año 2014** en la empresa Fábricas del Valle.

Tengo ideas profesionales muy claras y me gustaría mucho comentarlas con usted. La semana siguiente **hablaré entre el lunes o martes** para concertar una cita. Si quiere que nos veamos antes, por favor no dude en llamarme al 552789 6959 y no podemos organizar para otro momento.

Hasta entonces, reciba un respetuoso saludo

A t e n t a m e n t e

Ing. Carlos G. González Aparicio

Ing. En Sistemas

552789 6959

cggonzales@gmail.com

Gerardo Santisteban Valdés

gsantiste98@hotmail.com

553758 1593

Miguel Hidalgo, Ciudad de México

A QUIEN CORRESPONDA

Presente

Soy **Ingeniero Químico Industrial**, con más **de 8 años de experiencia** en áreas de comercialización y **ventas especializadas**. Domino **el inglés en un 80%**. Mi principal contribución en las empresas donde he trabajado ha sido la productividad y la calidad en mi trabajo, lo que me ha permitido no solo lograr las metas establecidas, sino **rebasarlas en al menos un 20% de forma anual**, lo que me ha permitido avanzar profesionalmente. Logré **reconocimientos y premios** por la participación y coordinación de los proyectos en donde me involucré.

De esto logros destaco:

- **Por prospección: Entre un 20 y un 30% de ventas adicionales al presupuesto.**
- **Ante un incremento de precios, logré el 90% de las metas fijadas**
- **Como coordinador de equipo: premio de calidad en Condumex, Elly Lilly, P&G, Palmolive.**
- **Desarrollo de nuevos productos en el área de artículos en mostrador**
- **Diseño de sistema de clasificación**
- **Desarrollo del manual técnico para Atención al Cliente**
- **Soy Secretario General del Instituto Internacional de Investigaciones en productos de consumo.**

Mi **compromiso y habilidades** -que me han permitido un importante desarrollo dentro de las empresas donde he participado – son las principales cualidades que **puedo ofrecer laboralmente**, por lo que quisiera poder platicar más ampliamente al respecto con ustedes.

En vista de ello, me permito solicitarle una cita lo más pronto posible a fin de conocernos y confío poder trabajar juntos en **diferentes proyectos de productividad y desarrollo** de productos.

Le anexo mi Currículum Viate, en cual resume los proyectos y logros más relevantes a lo largo de mi trayectoria laboral.

Estoy a sus órdenes y mientras tanto reciba un cordial saludo.

Atentamente

Gerardo Santisteban Valdés

gsantiste98@hotmail.com

553758 1593

51

Verónica Castro Sigüenza

laverocsi@yahoo.com

554989 6989

Naucalpan de Juárez, Edo. De México

A QUIEN CORRESPONDA

P r e s e n t e

Soy licenciada en Psicología y cuento con una buena experiencia en actividades de capacitación y Desarrollo Organizacional. Por mi profesionalismo, competencias y actitud ante el trabajo, además de mostrar siempre mi compromiso con el mismo para conseguir las metas esperadas han sido las razones que me han permitido destacar en las empresas donde he colaborado. Hablo el inglés en un 90% y cuento con sólidos conocimientos en francés.

Quiero poner a su consideración mis logros profesionales para mostrar cómo en su empresa podría acompañar al éxito que se proponen: En Cía. Mexicana de Aviación me inicié justo cuando comenzaba mis estudios y cuando terminé de estudiar, ahí mismo realicé mi servicio social, lo que permitió se me tomara en cuenta como psicóloga corporativa y me pidieran mi apoyo en la construcción de los métodos y procedimientos que permitirían una mejor organización de las operaciones en la empresa.

Habiendo terminado la elaboración de dichos manuales – con la consiguiente reclasificación de mi puesto – me solicitaron impartir los cursos de actualización para los distintos niveles y puestos dentro de la empresa y dichos procedimientos estuvieron vigentes hasta que la empresa cerró sus puertas.

He observado que ustedes están buscando una certificación de calidad y, considero que mis habilidades y experiencia, bien pudieran resultar de gran utilidad en su proceso de certificación, capacitación y el éxito de sus gestiones.

Por otro lado, he estudiado varios diplomados relacionados con la capacitación en línea "e-learning", en desarrollo de competencias y en gestión de talento humano. Estoy cierta de que podemos avanzar en distintas áreas de su organización en temas de desarrollo de personal, una disminución en la rotación de personal y una gran satisfacción de sus colaboradores por pertenecer a su organización.

En vista de lo anterior, quisiera platicar más ampliamente al respecto con usted, por lo que me permito solicitarle una entrevista lo más pronto posible ya que actualmente esto buscando una nueva oportunidad profesional.

Anexo a la presente mi Curriculum Vitae donde explico con mayor detalle los proyectos, retos y logros que he atendido en mis últimos trabajos. Me reitero a sus órdenes y le envío un cordial saludo

A t e n t a m e n t e

Psic. Verónica Castro Sigüenza

laverocsi@yahoo.com

554989 6989

Estos son **solo unos ejemplos que podrían serte útiles**, recuerda que solo tú sabes lo valioso que eres y, más aún, cómo y cuánto puedes beneficiar a alguna empresa y grupo de trabajo contigo. En estas cartas, no estás solicitando un empleo; ¡Estás presentando un proyecto de trabajo que pudiera hacer más valiosa a la empresa donde colabores!

Por favor **cuida mucho la ortografía**, lee tus cartas antes de enviarlas y dáselas a leer a alguien con quien tengas confianza para **que pueda hacerte sus comentarios** y lograr una **presentación impactante** cuyo fin es el conseguir una entrevista para poder platicar de tus planes, logros y la manera en que podrías beneficiar a quien te contrate.

Si has acordado hacer una llamada telefónica en tu carta, **no olvides hacer la llamada. Anótalo en tu agenda.** Si tu interés en la empresa es muy grande, puedes insistir un poco más, busca a quien puede ser tu jefe, o **al jefe de tu jefe y hasta el Director General si quieres**. Vale la pena que en esa empresa conozcan tu talento y aprovechen lo que puedes aportar.

LLEVA UNA AGENDA, ANOTA TUS COMPROMISOS;

¡Nunca llegues tarde!

Acuérdate:

- **Permite a las empresas** que te interesan conocerte y sepan de qué eres capaz
- Trata de **conseguir una entrevista** con quien sería tu jefe directo
- Si tienes un proyecto interesante para la empresa, **despertarás su interés** y te conocerán profesionalmente, es muy raro que alguien lo haga, solo alguien especial como tú, con tu preparación y capacidad buscarán ser recordados por esto
- En tu carta, **descríbete brevemente, indica que tienes interés en platicar** con ellos y explicarles cómo podrías apoyarlos en algunos de sus proyectos más importantes
- **Sobresalta frases y párrafos importantes**, tal vez no tienen tiempo de leer toda tu carta o documento, resalta elementos que puedan llamar la atención y provocar su lectura
- Conviértete en "el **candidato del jefe**" y **llénalo de orgullo** por haberte presentado

- Aún cuando no existe en este momento una vacante clara, no debes detenerte en tu presentación, **vas a lograr llamar su atención** y te pueden tomar en cuenta pronto
- **Las áreas de Personal tienen sus "grupos de intercambio"** y entre ellos puede surgir la oportunidad que estás buscando por recomendación de unos a otros. Se recomendable y recuerda:

"Más que tener trabajo, debes ser empleable"

VI TU CURRÍCULUM VITAE

Lo primero que debes considerar es que ya **no es la época de tener solo uno y que sea general para todos los posibles empleadores**. Las necesidades de las empresas son diferentes y la forma en que puedes apoyarlas también. Para algunas el énfasis en una de tus áreas de conocimiento es algo que están buscando y para otras, considerarán de mucho valor, tal vez alguna experiencia previa o el conocimiento de algún idioma. Debes estar muy atento a esto pues por ahí deberás enfocar toda la atención: **resuelve primero lo que ellos quieren ver, lo que buscan** y es fácil, seguramente está mencionado en sus anuncios en bolsa o de vacantes. Si no lo están, fíjate bien qué tipo de empresa es: de servicio, de manufactura, departamental, de informática, etc. Por ahí deberás elaborar el CV. Es como si fuera un **Currículum a la medida de quien te pudiera contratar**.

ELABORA UN CV HECHO A LA MEDIDA DE TU CONTRATANTE

En tus 5 empresas de selección creo que **bien podrías tener hasta 5 distintos CV's para presentarte** en cada una de ellas. Imaginarás que lo mismo va a ocurrir con tus cartas de presentación. Es parte de tu trabajo, presentarte **correctamente con cada una de las empresas que has elegido.**

Si no quieres tener un CV para cada empresa que visites, ten por lo menos **una serie de ellos que destaquen distintos aspectos de tu trayectoria dándole importancia a las distintas áreas donde has acumulado tus éxitos.** Así, para una empresa que dé mucha importancia a tus conocimientos en inglés, envíale el CV en este idioma, correctamente redactado y estructurado (con copia en correcto español por si el lector no habla ese idioma), si es necesario tu conocimiento en el uso de fresadoras industriales, obvio, mostrarás en primer lugar las razones por las cuales te consideras competente en su manejo y lo que has logrado haciéndote diferente a otros que la sepan manejar.

Regresa a tu lista de cualidades, logros y éxitos. Reúnelos en tantos CV como consideres necesario y arma un CV por cada tema o área de interés. Manda siempre uno que se acerque al área de mayor interés para la empresa que estás pretendiendo.

Un CV **siempre irá acompañado de una carta donde expliques la razón** o razones por las cuales puedes resultar el candidato más interesante parra ellos, en algunos lugares denominan a esta carta una "carta de intenciones". Elabora una carta modelo que te permita exponer las razones y por lo mismo las ventajas para que te tomen en consideración. Revisa el capítulo anterior.

Acompaña siempre tu CV con una carta de presentación.

Ahora te voy a mostrar la forma correcta de **elaborar un CV interesante, atractivo y que logre impactar** a quien lo recibe. Toma en cuenta las sugerencias, pero recuerda que **un toque personal podría hacerlo aún más valioso** y te sentirás más a gusto y confiado de tu estrategia de búsqueda de empleo.

Por lo pronto sí te digo que **no hagas un CV pesado, aburrido** como los que presentan otros candidatos y que nadie recordará. Tu CV es tu primera impresión hacia el posible contratante y **no siempre hay segundas oportunidades**. Debes llamar la atención desde un inicio a quien lo lea.

EVITA SIEMPRE UN CV LARGO Y ABURRIDO

El CV se compone de **6 partes fundamentales**, aunque puede incluir alguna otra sección dependiendo de tu área de trabajo y las necesidades de la empresa contratante.

1. **Objetivo laboral. Explica aquí lo que pretendes lograr con tu trabajo y qué es lo que una empresa podría esperar de ti.** Cuidado, **no manejes solo un objetivo laboral para todas las empresas**, cada una te está motivando de una manera distinta. Recuerda que para redactar este objetivo solo tienes que contestarte **"Qué es lo que quieres lograr si te incorporas a esta empresa"**.

2. **Descripción general.** Aquí describes **qué persona eres, señala tus ventajas laborales que te hacen valioso frente a los demás**, por ejemplo, buena estabilidad laboral, tu capacidad de aprendizaje y adaptarte a los cambios que surgen de una época tan informada, etc.

3. **Datos personales. Lo único importante aquí es**: tu nombre, alcaldía donde vives, teléfono (s), profesión, oficio o área de interés y datos relevantes (no. De licencia si buscas un trabajo de chofer o Cédula profesional si en el aviso de empleo solicitan una carrera concluida), etc.

4. **Estudios.** Por favor **no llenes de información irrelevante tu CV.** Si mencionas que tu último grado de estudios es el de bachillerato, no tienes que mencionar en qué escuelas hiciste tus estudios básicos y las fechas de éstos. Se esperaría que **quien concluye un bachiller-**

ato ya cuenta con estudios previos. Tal vez a la hora de llenar solicitudes o cuando están por contratarte sí querrán saber de todos tus estudios al detalle, pero deja eso para otro momento, por lo pronto, **lo que buscas es llamar la atención con lo más sobresaliente de ti.**

5. **Otros conocimientos. Date vuelo en esta parte**, expón qué más sabes o puedes hacer (idiomas, manejo de personal, reparación de motores diésel, etc.

Todos estos puntos no deberán ocupar más de una página o cuartilla. La primera página de tu CV **debe atrapar a quien lo va a leer** ya que generalmente reciben muchos y no tienen tiempo de leer todos. Si lo haces en esa primera página de una forma creativa ya habrás llamado su atención lo **habrás expuesto de una manera clara y suficiente**. Esto te hace mejor que otros candidatos que referirán de una manera densa, torpe, cuál ha sido su trayectoria y te diferenciarás desde el principio **logrando interés** en quienes te consideren para un buen puesto.

Cada dato que pongas en esta primera página debe ser realmente importante para atrapar la atención de quien pueda contratarte, debes presentarte, despertar interés, piensa muy bien qué vas a incluir y no pongas información innecesaria o en exceso pues provocarás que te dejen de leer. Muchos añaden en esta primera página datos como Número de Seguridad Social, licencia, Registro Fiscal, Número de Identificación, estado civil, o hasta número de hijos. Realmente esto no logra más que advertir a tu lector que tu experiencia es muy pobre y **estás tratando de llenar líneas para llamar su atención.** Y lo peor, estás llenando líneas con pura paja informativa.

6. **Experiencia Profesional**. Aquí vendrá la lista de tus trabajos anteriores, **comenzarás por la última o más reciente** empresa donde has trabajado, **aunque haya sido por prácticas profesionales o como becario** y la lista terminará con tu primera experiencia laboral. Cuando existan trabajos de 10 años hacia atrás, solo menciónalos sin entrar en detalles de estos. Ya hace

tiempo los realizaste y tal vez no son ahora tan trascendentales.

Harás una descripción de cada uno de tus trabajos, empezando por el **nombre de la empresa (el más conocido**, no necesariamente la razón social que puede ocultar la fama y prestigio de alguna de tus antiguas ocupaciones.

Cuando has trabajado en una misma empresa y a lo largo del tiempo ésta ha cambiado de nombres o bien has participado en empresas de un mismo grupo empresarial, **colócalos todos en una misma experiencia laboral.** Esto permitirá conocer algo sobre tu **trayectoria en ese grupo y por otro lado mostrarás una buena estabilidad laboral** ya que no cambiaste muchas empresas, sino que una sola te tenía contratado en sus diferentes divisiones.

Una vez que has escrito el nombre de la empresa o grupo empresarial, menciona tu puesto, **desde el último puesto ocupado hasta el primero, cuando fuiste contratado.** Esto muestra que **te tomaron en cuenta para desarrollarte en la empresa,** seguramente por tu valor y aptitudes. Coloca a continuación las fechas en las cuales trabajaste en ese grupo y en seguida vendrá lo interesante:

Muestra tus **retos y logros conquistados en la empresa, no se te ocurra decir cuáles fueron tus funciones,** lo cual es muy común. Generalmente las funciones para muchos puestos son similares y realmente no estás aportando nada nuevo en tu presentación. Si es muy importante algún aspecto de estos para quien contrata, seguramente te lo preguntarán en el transcurso de las entrevistas.

PRESENTA DESDE EL TRABAJO MÁS RECIENTE HASTA LLEGAR AL PRIMERO O MÁS ANTIGUO

HABLA DE RETOS Y LOGROS, NO DE FUNCIONES, ESAS TE LAS PREGUNTARÁN EN LA ENTREVISTA

En el capítulo de conocimientos **podrás incluir los cursos que hubieras tomado. Piensa bien en la relevancia que estos pueden tener. Incluye cursos, seminarios, talleres que se relacionen con tu profesión o quehacer laboral** y aquellos importantes para el puesto que estás pretendiendo. Si algún curso, por más que te haya gustado no viene al caso con lo que haces, no lo menciones. Resultará un relleno y aburrirá a quien te esté leyendo.

Ahora hablemos de la extensión de tu CV.

No ocupes más de 2 o 3 páginas a doble espacio. De preferencia solo ocupa 2. Corrige y resume hasta que ocupes el menor espacio posible sin dejar de dar a conocer lo mejor que hay en ti. Recuerda, lo importante es qué tan útil e **interesante es el contenido, no lo largo del texto**.

Principales características

- **Incluirás objetivo laboral**, descripción de quién eres, datos personales, estudios, otros conocimientos y experiencia profesional

- **La primera página debe contener solo** lo realmente importante: tu presentación, algunos de tus logros más importantes y como es que te diferencias de otros candidatos. Aprovecha este espacio para hacer la mejor presentación, nunca tendrás una segunda oportunidad.
- **Escríbelo de una manera interesante, amena, breve**.
- Destaca tu profesión u oficio, conocimientos, pero, **sobre todo, lo que te hace mejor en ellos.**
- Usa el **nombre conocido de las empresas donde trabajaste**, no su razón social.
- Un CV no debiera tener más de 3 páginas. Si te pasas, revísalo y **omite aquello que no es realmente relevante** para tu presentación.
- Envía siempre una **calidad de impresión original**, las fotocopias pueden quedar borrosas o manchadas, recuerda la importancia de la presentación

Observaciones

- Si tu promedio en **estudios fue superior a 8.5, menciónalo**
- Tu CV es tu **mejor vía de presentación para el trabajo**, debería de estar al menos limpio y agradable a la vista
- **No incluyas, por favor, comprobantes** y fotocopias de documentos oficiales o cartas de recomendación. Ya habrá tiempo de presentarlos cuando te vayan a contratar y sí será necesario que lo demuestres pues formará parte de tu expediente.
- Añade **una buena fotografía, no te ocultes**. Procura que la fotografía sea **reciente, clara** y de una dimensión tal que pueda mostrar parte de tu pecho y la totalidad de tu rostro. Por favor, usa un fotógrafo profesional o bien elige una **donde realmente luzcas profesional o listo para el trabajo**. Olvídate de fotos "chistosas" o borrosas.

Una imagen puede hablar bien o mal de ti, por favor, **todos los elementos de tu CV deben ser de máxima calidad.**

Eres el primero que debe sentirse cómodo y contento con su CV. **Si no te hace sentir bien, vuelve a componerlo**, repite hasta que logres la presentación que deseas. Pide la opinión a personas valiosas para ti, tal vez puedan darte magníficas ideas.

Busca la originalidad

Añadir imágenes, grecas o acabados en tu CV puede resultar muy agradable, o bien una exageración. Dependerá mucho de ti y de las personas que puedan llegar a leer tu Historia Laboral (recuerda que es lo mismo que el CV).

Obviamente **tendrá que ver mucho con tu profesión.** No será lo mismo un CV de un trabajador administrativo-financiero que uno de un publicista o diseñador. El arte será diferente y lo que se esperaría de uno, podría ser algo superfluo en otro.

Mi mejor CV fue cuando quise ingresar a un Banco y **mi CV lo presenté como si fuera una página de la prensa.** Hablando en tercera persona explicaba mis logros en distintos pseudo artículos, mis conocimientos, trayectoria etc. Para tal fin, **utilicé un papel color prensa diaria.** ¿Así o más original? El resultado, por si te queda curiosidad es que sí me contrataron y algún día pude platicar de esto con el Director General de la institución quien **dijo haberse sentido interesado en alguien como yo.**

No digo que debas hacerlo así tú. **Cada uno tiene su personalidad y la forma en que quiere presentarse**, recuerda, lo primero es que te sientas cómodo y que te llene de emoción y orgullo la presentación y contenido de lo que estás presentando a tus posibles contratadores.

Si es necesario, **apóyate en otras personas, tal vez tienes buenos amigos dedicados al diseño gráfico o a la publicidad**, etc. Personas que hacen trabajos muy interesantes y que has llegado a admirar. **Aunque te pudiera costar un poco, tal vez una invitación a**

cenar, pídeles su ayuda, tendrás un CV digno de ti y tu trayectoria laboral.

ALGUNOS EJEMPLOS

Arq. Bernardo Puebla Lorenzana

bpueblalo@gmail.com

552749 4959

Coyoacán, CdMx

Como arquitecto (Ced. Prof. 1804367, U. La Salle, Prom. Gral 8.6) he **obtenido 3 reconocimientos, uno internacional y dos nacionales (Premio Quevedo,** Mérito en eficiencia de materiales del Colegio de Arquitectos, **Mejor diseño arquitectónico** para infraestructura marítima en Villahermosa, Tab. y el **International Design** Award por el proyecto de macroplaza presentado en 2015). Hablo **inglés en un 80%.** Y una experiencia en el ámbito profesional de 5 años, considero que soy un magnífico candidato para su organización.

Objetivo laboral:

Quiero incorporarme a su organización ya que considero que es una empresa dinámica en las áreas de arquitectura y diseño de proyectos, donde pondré poner mi experiencia a su servicio y, **junto con ustedes lograré un mayor crecimiento profesional y personal.**

Entrenamiento complementario:

He asistido a diversos cursos complementarios para mis estudios universitarios: **Vivienda de interés social** (INFONAVIT, UNAM) y **Arquitectura solar** (ULSA), **Arquitectura y Urbanismo** (UIA) y los he aplicado a lo largo de mi experiencia profesional con muy buenos resultados.

Experiencia laboral:

Profesionista independiente (2017 a la fecha)

He tenido la oportunidad de participar en varios proyectos, supervisando la implantación de estos. Dichos proyectos **fueron resultado de la recomendación de clientes anteriores.**

Claudio L. Quinzaños Ripoll

De esto proyectos destacan:

1) Ampliación y remodelación de las **casas habitación** en Circuito Misiones 27 en Satélite, Edo. De México; Av. Tultepec s/n, Edo. De México, Residencial Sta. María en Cuernavaca, Mor., Prosperidad 68, Sector Juárez en Guadalajara y Av. De las Torres 327, Col. Campestre en Monterrey, NL.

2) **Remodelación de edificio** de departamentos en Patricio Sanz 378, Col. Del Valle y construcción de la casa habitación en Fuente de la Luz 23, Fuentes del Pedregal.

3) También tuve la oportunidad de participar en **algunos proyectos del Ar. Charles Newman quién me invitó a partir del Premio Quevedo de Diseño** Arquitectónico. Algunos de sus proyectos fueron: oficinas para la Asociación de Distribuidores de Mercedes Benz (Río Nilo 72), la remodelación y ampliación de los Hoteles Terranova y Magnum en Coatzacoalcos, Ver y una casa habitación ubicada en Pachuca, Hidalgo.

Peralta y Ripsen Constructores (2015-2017)

Puesto: Proyectista y residente

Participé en los **proyectos y residencia de las salas** de exhibición y ventas de Bancloster después de que, como empresa conseguimos ganar los siguientes concursos:

a) Bancloser Portales, Bancloser Puebla, Bancloser Guadalajara, Bancoser Cuernavaca y casa Matriz en Portales, CdMx.

b) Proyecto y Supervisión de ampliación y remodelación de distintas casas habitación: Circuito Diamantes, En Joyas del Pedregal y Rancho Abejas en la Col. Los Sauces, Cdmx.

Constructora Pantaco (2013-2015)

Puestos: Proyectista y **jefe de proyectos**

El puesto de Jefatura lo logré después de haber elaborado para la empresa el proyecto de **concurso en solo un mes**, con lo que logramos participar en el proyecto de casas habitación en San Juan del Río, Qro.

También tuve la oportunidad de participar en el proyecto de la **Planta ensambladora de** autobuses urbanos O'Farril en Tijuana, B.C. así como el de la Iglesia de San Felipe Neri en Ixtlahuaco, Hgo.

Prodisa (2012 – 2013)

Puesto: Dibujante

Elaboración de diversos planos arquitectónicos de vivienda de interés social. Trabajo realizado como parte de mis **prácticas profesionales**, mientras cursaba mis estudios de arquitectura.

ES UNA BUENA IDEA UTILIZAR LOS DISEÑOS QUE VIENEN EN TU WORD

CUENTA CON FORMATOS MUY PROFESIONALES

JOSÉ LUIS ÁLVAREZ S.

LIC. EN ADMINISTRACIÓN | RECURSOS HUMANOS. SISTEMAS DE CÓMPUTO COI Y NOI, SELECCIÓN POR COMPETENCIAS

OBJETIVO

A partir de mis años de experiencia laboral, me cocnsidero listo para incorporarme a su empresa como supervisor de áreas administrativas, lograr un desarrollo productivo aunado a resultados como los que he logrado en el pasado.

LOGROS

En Condumex logré varios incrementos salariales debido a todas las evaluaciones por las que pasé, donde la orientación al personal para el logro de plan de carrera fue fundamental.

Premio a la Excelencia del Prgrama de Calidad y Productividad en 2013, también en Condumex.

EXPERIENCIA

ANALISTA DE PERSONAL • CONDUMEX • 2013 – 2019
Esta actividad la he realizado de manera exitosa durante los últimos años. Me correspondía la elaboración de los presupuestos de nómina operativa, así como su control. Realizaba la selección de personal sindicalizado a partir de las competencias de la descripción de los diferentes puestos.

AUXILIAR ADMINISTRATIVO • CONDUMEX •
Tenía bajo mi responsabilidad la elaboración de presupuestos para clientes, control administrativo de pedidos pendientes de surtir y verificación de contenidos en los pedidos.

AUXILIAR • NEGOCIO FAMILIAR • 2008 – 2010
Desde el inicio de mis estudios practiqué con los conocimientos adquiridos en el negocio familiar (comercializadora de telas) iniciando así mi desarrollo profesional. Ahí conocí el manejo de un negocio, los controles que permitirían su éxito, y, sobre todo, la importancia de la atención al cliente. Desde ahí me involucré en la realización de presupuestos a mayoristas (hotelería) y en control de la distribución para clientes.

FORMACIÓN

LIC. ADMINISTRACIÓN (PASANTE) • 2008-2013 • CENTRO UNIVERSITARIO SAN LUIS

AUXILIAR CONTABLE Y CÓMPUTO • 2004 • SEC. TÉCNICA 56

IPRUNEDA@HOTMAIL.C OM   IAPRUNEDA@   553755 6327   CD. MÉXICO, MAGDALENA CONTRERAS

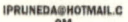

¿QUÉ TE PARECE ESTE?

Claudio L. Quinzaños Ripoll

DESCÚBRELA

2019 | ABRIL-MAYO | VOL 1

MARCELA OLVERA MORÁN

Nos dice que dentro de sus principales atributos está el hecho de haber mostrado siempre en su vida y carrera de contadora honorabilidad, ética, compromiso institucional, principios, apego a las políticas y que esto ha sido clave para el reconocimiento de sus jefes quienes le han otorgado buenos incrementos y promociones, oportunidades de estudio y amistad.

"SUS OBJETIVOS"

Siempre logró sus objetivos, independientemente de las dificultades a la reducción en los tiempos de entrega.

Hoy está lista para aceptar nuevos retos en tu empresa y claro, como siempre saldrá adelante, junto con todo tu equipo!

¡DE SUS ÉXITOS!

Ha conquistados éxitos en la resulución de problemas generados por importantes amenazas en las dos empresas que ha trabajado.

... ¡Y SU ESTRATEGIA!

Nos dice, Marcela: - Siempre ha sido el trabajo en equipo, la atención a los detalles y el establecer las prioridades.

Por otro lado, su liderazgo lo ha probado al reestablecer relaciones con los clientes , compañeros de escuela, deportes y socios de equipo cuando se han presentado dificultades.

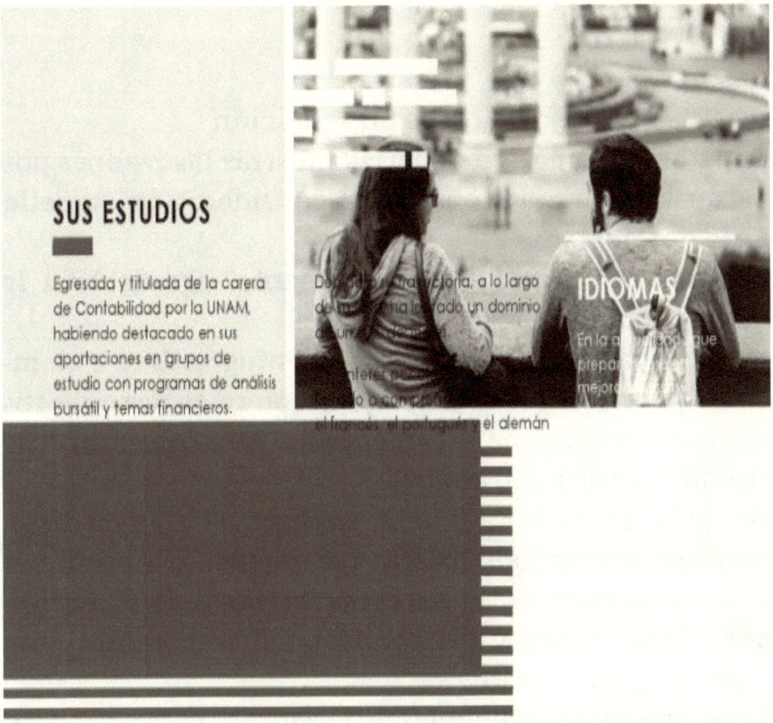

SUS ESTUDIOS

Egresada y titulada de la carera
de Contabilidad por la UNAM,
habiendo destacado en sus
aportaciones en grupos de
estudio con programas de análisis
bursátil y temas financieros.

IDIOMAS

Desde... su trayectoria, a lo largo
de... ha logrado un dominio
de...

...interés p...
...o acompañ...
el francés, el portugués y el alemán

En la a... que
prepa...
mejor...

¿Interesante, ¿verdad? Bueno, atrévete y valora el resultado. No pierdes nada...

Acuérdate:

- **Un CV es tu mejor carta** de presentación
- En la primera página deberías mostrar las razones por las cuales deberían tomarte en consideración. **Aquello en lo que destacas**
- Elabora un CV **original, interesante, agradable a la vista, sencillo de leer**
- No incluyas, en la primera página, **ningún dato o elemento que no te haga mejor** y diferente al resto de tus competidores. Debe ser tu espacio para "presumir" de ti, nada hay de malo en eso
- **No utilices más de 2 o 3 páginas.** Si te excediste, revísalo y corrígelo hasta que puedas disminuir el número de páginas, **tal vez estás metiendo información poco importante** y peor aún, poco interesante para quien llegara a leerlo
- **Nunca** incluyas fotocopias de **comprobantes o referencias**. Ya habrá tiempo para que te soliciten todas esas copias.
- Recuerda que un CV debiera ser hecho **a la medida de la empresa que estás buscando**. Para esto, infórmate de **lo más importante para ellos y resáltalo desde la primera página**
- Revisa con cuantas personas consideres necesario tanto la **presentación como lo ortografía y contenido.**
- El abuso en fotocopias del CV lo único que provoca es que resulten **borrosas, sucias y desagradables para tus lectores.**
- Siempre acompáñalo de **una buena foto tuya; profesional.**

VII MÁS HERRAMIENTAS

Proyecto de trabajo

Más de una ocasión he tenido la oportunidad de hacer una selección de algún ejecutivo o bien alguna promoción, dentro de alguna empresa en base a un proyecto de trabajo. Es algo siempre muy útil para añadir a tu CV. Es una **gran herramienta para que el posible jefe pueda elegir entre un grupo de candidatos, esto demostrará tu interés por el puesto, existirá un tema interesante que tratar dentro de la entrevista**, hablará de tu compromiso y, de una manera práctica, mostrará tus cualidades profesionales.

EL PROYECTO DE TRABAJO DIRÁ A LA EMPRESA LO QUE PODRÍAS HACER CON ELLOS

Si el proyecto de trabajo es uno de los requisitos que tiene el puesto para poder aspirar a él, **no hagas un trabajo solo por salir del paso**, créeme, algunos así lo hacen. Pero tú eres un profesional y es algo que siempre deberás mostrar, independientemente de si te contratan o no., hacer algo **sin cuidado, sin atención podría perjudicarte**. De hecho, si no puedes presentar un proyecto bien hecho, **piensa bien si es que realmente estás preparado para ese empleo** o si sería mejor prepararte más para otra oportunidad que llegaras a tener.

Revisa nuevamente cómo deben estructurarse los proyectos de negocio o ejecutivos. **Existe mucha información al respecto en la web: YouTube, Google, etc.**

El teléfono

Aunque no lo creas, **el teléfono es una de las principales dificultades y motivos de rechazo de quienes trabajan en la selección de personal**: números inexistentes, teléfonos que nadie contesta o bien teléfonos que son atendidos por pequeños niños o ancianos o también números equivocados, permanentemente ocupados y demás torpezas. Entiende que esto es fundamental para poder estar en contacto con tus posibles contratantes. Si es necesario, **deberías tener un número exclusivo para este fin.** Tal vez vale la pena contar con un nuevo teléfono de pago por adelantado y desechable que solo deberías usar para esta actividad de conseguirte un nuevo trabajo. Piénsatelo bien.

Por otro lado, están los teléfonos que proporcionas de tus referencias y antiguos trabajos. Verifica **antes de proporcionarlos si aún existen, si están disponibles**, si pertenecen a quien dirás que pertenecen.

El **teléfono móvil es en la mayoría de las ocasiones la más inmediata forma de comunicación** que tendrán contigo. Más aun que el correo electrónico, más que el teléfono fijo de tu casa o trabajo actual.

Evita que quien pudiera contestar el teléfono proporcionado no de la seriedad que este proceso tiene, o bien, que no haya quien conteste porque tu cónyuge o abuelita han salido a un recado y no hay nadie en casa. Si de plano se te imposibilita, pide a un amigo de mucha confianza que tome tus llamadas y recados.

EL TELÉFONO ES UN REQUISITO PARA UN BUEN FLUJO DE CONTRATACIÓN

La vestimenta

En este tema tendríamos algunas **diferencias de criterio**, en base a modas, estilos de vida, regiones, costumbres y más. Sin embargo, te digo que **tu vestimenta deberá ser siempre la adecuada al medio que pretendes,** es decir, la que es similar a la que el resto del personal, dentro de una empresa utilizan. No uses ropa extravagante ni trates de impresionar con tu ropa o accesorios ya que puedes estar equivocado con respecto a los gustos de quien te entreviste. Vístete **como lo harían tus futuros compañeros de trabajo; obsérvalos, esto te ayudará a identificarte con ellos** y a que se sientan cómodos ellos y tu futuro jefe. Por otro lado, estarás comenzando a ser parte del equipo de trabajo.

PIENSA EN CÓMO VISTEN TUS PRÓXIMOS COMPAÑEROS DE TRABAJO

Agenda

Sería imperdonable buscar un trabajo administrativo y no llevar con cuidado una agenda para tus **citas y compromisos**. Todos los teléfonos inteligentes, cuentan con **magníficas aplicaciones para poder llevar tu agenda**. Ahí puedes anotar con quién será la cita, cuánto durará, la fecha, la hora exacta, **el tiempo que puede tomarte llegar a la cita** y en adición, podrás solicitar algún sistema de alarma para **que te aviste que ha llegado la hora para salir** o simplemente para recordarte de tu siguiente compromiso.

Nunca dupliques citas, no quedes mal con nadie. **No tienes derecho a abusar del tiempo de otras personas, al igual que esperarías que ellos no lo hagan contigo.**

Si vives en una ciudad de mucho tráfico o complicaciones por sobrepoblación, **ni se te ocurra mencionar como disculpa esto,** todos quienes vivimos en este tipo de ciudades lo padecemos y por lo mismo tomamos las **medidas necesarias para no fallar a**

los compromisos.

El solo hecho de **llegar tarde mostrará falta de interés** en el trabajo y peor aún, podría ser indicativo de cómo será tu conducta en este sentido si llegaran a contratarte: "Siempre con magníficas disculpas para llegar tarde a sus asuntos".

La entrevista

Esta es **la mejor oportunidad que tienes para conseguir el trabajo que deseas**. De hecho, es lo que has estado buscando: una entrevista, sea con el asesor del área de personal o bien con quien sería tu futuro jefe.

Has elaborado una lista grande de tus cualidades y logros. También **conoces tus limitantes y esto podría convertirse en los distintos temas de la entrevista a tratar por el orgullo** que te generan. Incluso conoces bien elementos que no necesariamente te hacen feliz, no los niegues, acuérdate, algo bueno habrías obtenido de esas experiencias. Evita criticar a otras personas, **culpar a compañeros o jefes de tus fracasos o torpezas.** Lo importante es **hablar de ti y, ¡Hablar bien!**

TIENES LA OPORTUNIDAD DE HABLAR DE LO MEJOR DE TI

Guía para una entrevista exitosa

1. **No llegues desvelado** o cansado a la entrevista
2. Se **amable con todo el personal de la empresa**, todos llegan a opinar y con más razón en lo que sobresale
3. **Viste de manera agradable y sencilla** y si es un puesto para una oficina, los hombres deberán portar, de preferencia saco y corbata y de vestido o traje sastre las mujeres
4. Nunca te presentes **con demasiados papeles o comida en las manos**
5. **No lleves niños ni acompañantes**
6. Llega preferentemente **10 minutos antes** de la hora
7. **No fumes ni mastiques chicle o comas dulces antes** o durante la entrevista
8. Si eres **hombre, no uses arete, lleva el cabello** bien peinado y preséntate bien rasurado
9. **Evita olores fuertes como pasta d dientes**, loción, tabaco, alcohol, ajo o cebolla
10. Sé discreto: **no lleves adornos o accesorios demasiado**

vistosos, ultramodernos o llamativos. **La atención debe centrarse en tus logros** y la forma en que puedes contribuir con la empresa donde quisieras trabajar.

11. Saluda al entrar y **preséntate con tu nombre completo**. Puedes seguirlo con una frase como a sus órdenes o para servirle si esto te hace sentir cómodo.

12. Usa los **primeros 2 o 3 minutos de la entrevista para relajarte y entrar en confianza**, habla de cualquier tema superficial como el tráfico, el clima, lo lindo de la decoración de la oficina, etc. **Si tu entrevistador lo hace, síguelo**, solo quiere provocar un clima de mayor confianza.

13. Menciona **lo más pronto posible el título y apellido de quien te entrevistará** y utilízalo durante toda la entrevista: Si, licenciado Gutiérrez, evitando el "si señor, si señorita" etc.

14. No le hables de **"tú", al menos que te haya autorizado tu entrevistador** o hubiera preferido él hacerlo desde el principio. Puedes sentirte muy cómodo con este trato familiar, pero, **solo si quien te entrevista lo propicia**, no deberá surgir de ti.

15. **Mira a los ojos a tu entrevistador, sin ser molesto**: desviar la mirada puede darles a entender que estás inseguro o tienes algo que esconder y por lo que hemos analizado, no existe ningún motivo de vergüenza

16. **No olvides sonreír**; proyectarás confianza y transmitirás optimismo

17. Trata de **responder a todo lo que se te pregunte** y si no sabes algo, admítelo, pero **no inventes respuestas**, pues podría hacerte sentir incómodo o inseguro. Es más sencillo recordar que "inventar".

18. **No hables con exceso** ni desvíes la conversación o te salgas del tema. Se positivo en tus comentarios

19. **No hables mal de nadie**

20. Expresa las ganas que tienes de formar parte de esa empresa y **lo útil que podrías ser para ellos**

21. Trata de **llegar a un acuerdo, resumen o compromiso al final de la entrevista** y aprovecha la ocasión para **aclarar tus dudas**

22. **Cuando te despidas repite tu nombre** para que el entrevistador no lo olvide

23. Prepárate **antes de la entrevista pensando qué te preguntarán**, cuáles serán tus respuestas y qué es lo más importante para la empresa y el entrevistador

Existe un grupo de preguntas que invariablemente te preguntarán en las primeras entrevistas y sería bueno que ya las tuvieras consideradas para saber qué contestar:

a) ¿Por qué dejó su último trabajo?

b) ¿Por qué dejó sus distintos trabajos?

c) ¿Qué estuvo haciendo durante esos tiempos que no trabajó, ni estudió?

d) ¿Qué experiencia tiene en las funciones del puesto?

e) ¿Por qué considera ser el candidato ideal para el puesto?

f) ¿Cuánto ganaba en sus trabajos? ¿Salió para ganar más? ¿Logró ganar más, o disminuyó y por qué?

g) ¿De qué cosas se siente orgulloso?

h) ¿De cuáles se arrepiente?

i) ¿Por qué quiere entrar a esta empresa?

j) ¿Cómo supo de este empleo?

k) ¿Tiene familiares o conocidos dentro de la organización?

l) ¿Qué me dirán sus antiguos jefes acerca de su desempeño?

m) ¿Cómo es un día común para usted?

n) Etc.

Obviamente, te preguntarán con detalle acerca de las funciones del puesto que pretendes, **buscan saber si estás preparado**, si lo conoces, si tienes experiencia en algo similar y de cuánto es esa experiencia. Recuerda que como experiencia **también cuenta el Servicio Social y las Prácticas Profesionales.**

Solicitud de empleo

Aun cuando hubieras llevado tu CV, en **muchas ocasiones te**

pedirán llenar una solicitud de empleo para poder complementar tus datos; **¡Llénala correctamente!**

1. Es importante que **lleves en algún documento pree-laborado y, tal vez guardado en tus notas del teléfono móvil todos los datos** que pudieran solicitarte: número de identificación de seguridad social, número de licencia, teléfono y nombres de jefes anteriores y de referencias, fechas de ingreso y egreso de tus estudios y trabajos previos, etc. Al llevarlo preparado **te ahorrarás mucho tiempo tratando de solicitar dichos datos** en ese momento a otras personas.

2. Existe por lo general un espacio que señala: PUESTO SOLICITADO. Indica ahí el **título del puesto que deseas, no lo dejes en blanco,** ni mucho menos vayas a escribir "el que sea o exista", pues sería tu peor carta de present-ación.

3. Si te interesan varias áreas dentro de una organización, **indica la más atractiva para ti** y guárdate las otras para el momento de la entrevista si es que surge.

4. **Nunca olvides llevar un bolígrafo** a tus entrevistas, te sentirás incómodo si tienes que estar pidiendo uno prestado en esos momentos, parecería que no vas prep-arado.

5. **Si aún no tienes muy definido el sueldo** que deseas o temes perder el puesto si pides demasiado, o tienes la impresión de que te pagarán menos de lo que podían haberte pagado, deja en blanco el espacio correspond-iente en la solicitud o indica ahí, simplemente **"el asignado al puesto".** Ya habrá tiempo suficiente para negociar tu sueldo antes de firmar tu contrato de em-pleo. Como guía, **un sueldo sugerido tendría que rondar entre un 10 y un 30 por ciento más de lo que venías ganando en tu último empleo.** Si has hecho una buena investigación, también podrás saber **cuánto andan of-reciendo las empresas en sus anuncios en posiciones**

similares a la que pretendes, es como haber estudiado el mercado de sueldos antes de que inicies tu búsqueda.

6. **Solo por una extraordinaria condición podrías aceptar menos de lo que ganabas antes**, tal vez eres muy mayor y ya te resulta difícil conseguir empleo, o la economía del país está recesiva y con pocas ofertas de empleo. Al final, podrás ir recuperando poco a poco lo que venías percibiendo una vez que conozcan tus talentos. De todas formas, deberás mencionar que **solo por esta razón aceptarías un ingreso menor**.

7. Tal vez tuviste **varios trabajos eventuales** o de muy corta duración, esto es, menos de un año. Si los anotas todos por separado lo único que estarás mostrando es poca estabilidad laboral. En su lugar, **haz un resumen de todos ellos**, como por ejemplo "comisionista independiente para varias empresas" "asesor para varias firmas" o tal vez "ofrecí apoyo de manera eventual en las siguientes empresas", etc.

8. **Escribe con letras y números muy claros** para que puedan localizarte en caso de que te necesiten

9. **No dejes en blanco ninguna casilla** que te corresponda porque parecería que estás rechazando la tarea o bien que tienes algo que ocultar

10. No olvides **poner tu firma si te lo piden**, no hay nada que temer, ni esconder

Psicometría

Las pruebas psicológicas son herramientas bastante **útiles y comunes para casi todas las empresas** dentro de sus áreas de selección de personal. Con este tipo de pruebas **pretenden conocer más acerca de tus habilidades, limitaciones y perfil de personalidad.** También les permite **detectar todo tu potencial para desempeñarte** en algún trabajo que solicites y cuál será tu forma de interactuar con las demás personas dentro de la organización.

Los responsables de aplicar estas pruebas saben muy bien que **los resultados deberían ser comprobados también durante las entrevistas**, donde tú estás perfectamente preparado por lo que hemos revisado con anterioridad. Sin embargo, otros encargados, poco preparados en materia de selección de personal, solo tomarán en cuenta los resultados directos que arrojen las pruebas para la toma de sus decisiones.

No existen respuestas correctas, ni incorrectas en las pruebas psicológicas; es más, si tuvieras todas las respuestas para un test de inteligencia, **lo único que evidenciarías es que has hecho alguna trampa y conocías las respuestas** pues ni tu actitud ni tu desarrollo personal evidenciarán que tienes una cualidad de genialidad en el terreno intelectual. De hecho, este tipo de pruebas **están diseñadas para que en algún momento comiences a fallar**, lo que determinará el alcance que has logrado y con esto el resultado obtenido, yendo de lo más sencillo a lo más complicado.

Mi mejor recomendación es que **no se te ocurra mentir**. Estas pruebas están diseñadas para **detectar cierto grado de trasgresiones** sociales como haber robado una fruta en un supermercado o bien haberte saltado un semáforo cuando la luz indicaba que hicieras alto. Negar absolutamente todo esto lo único que mostraría de ti es que estás intentando dar una imagen que no te corresponde y solo intentarás mentir. Por principio, ya te descalificarán.

Ahora bien, el hecho de hablar con la verdad no debiera asustarte. Piénsalo bien, **no eres alguien extraño, bizarro o despreciable**. Recuerda que todos tenemos grandes atributos y podemos tener un trabajo digno y que nos satisfaga. Hasta ahora, has ido bien con tu vida, buscas un empleo y eso es algo normal y hasta sano en las personas. Tu inteligencia te ha permitido avanzar en tus estudios, en tus trabajos y hasta en tu ambiente familiar y social. Luego, no eres alguien tenga que vivir aislado. Entonces, **por principio eres una persona sana, normal y llena de cualidades para un empleo**.

Las pruebas psicológicas **medirán tendencias**, esto quiere decir, lo que la mayoría de las personas llega a hacer, aceptar, reconocer, lograr, etc. De ahí que podrás tener un **comportamiento normal, superior, deficiente o hasta extraordinario, pero nunca ni malo ni bueno**. Las pruebas mostrarán cómo eres tú en relación con otras personas como tu para algún trabajo determinado y sabemos bien, que tú eres el indicado pues así lo has mostrado en el pasado, sea en tu vida o bien en tus trabajos.

REALIZA LAS PRUEBAS PSICOLÓGICAS CON TRANQUILIDAD, RECUERDA LO VALIOSO QUE ERES

Pruebas de conocimientos

En muchos campos **será necesario tener evidencia de tus conocimientos** técnicos acerca del puesto pretendido. Para tal fin, los asesores en Personal no podrán conocer acerca de todos los temas y muchas ocasiones recurren a los expertos para que les ayuden a elaborar este tipo de exámenes. Tal vez tu futuro jefe lo redactó para poder **comprender si realmente estás preparado para el puesto.**

Así, lo mejor es que **siempre estés bien informado con respecto de tu especialidad**, debes practicar, leer. Recuerda que la adquisición de conocimientos **no es algo que se queda en la escuela.** La vida nos exige cada vez más talento y conocimientos. Nunca dejes de prepararte ni te quedes con **conocimientos obsoletos y a veces hasta inútiles**. Actualízate. Es tu obligación.

Plan completo de trabajo

No se puede saber cómo vas en cualquier actividad o proyecto si no **tienes forma de medir tu avance y resultados en el tiempo**. Si estás intentando conseguir ese empleo que deseas, debes tener bien establecidas las fechas que te llevarán a lograrlo y, sobre todo la **fecha final que te permitirá revisar lo hecho** y si requiere alguna corrección en lo que estás haciendo de tu parte.

Así, deberás poner **tiempos para**:

a)   **Hacer inventario** de tus capacidades. Un día

b)   Inventario de las **empresas donde te gustaría** trabajar. Un día (puede ser el mismo)

c)   Investigar el **nombre de tus posibles jefes**. Tómate hasta 5 días, vale la pena, utiliza Linkedin.

d)   Elaborar la **carta** de presentación para tus posibles contratantes. Un día

e)   Tener un **CV bien presentado**, impactante y completo. **Un día, el mismo que el de la carta.**

f)   Conseguir la **primera entrevista**. A los 8 días de haber iniciado tu trabajo de conseguir ese empleo

Debes **cumplir con las fechas** que te has propuesto y sabrás que vas por buen camino, de lo contrario, rectifica y **haz que tus fechas y compromisos se cumplan.**

Toma nota de todo lo que hiciste cada día. Si al final de la fecha que te pusiste como meta para conseguir el empleo no lo lograste, te servirán estos apuntes para revisar si hubo alguna equivocación, si tienes algo que corregir o bien no personalizaste tus cartas y CV para conseguir tus entrevistas.

Antes de terminar

Convenio laboral

Es más común de lo que piensas el número de veces que me he encontrado con personas quienes dejaron un empleo por otro que ofrecía mejores condiciones y **al final... "no se las cumplieron".** Esto además de ser injusto e imperdonable pudiera ser evitado en cierta medida.

Para asegurarte de **no caer en este tipo de sorpresas** existe una fórmula denominada "oferta o convenio laboral" donde se establece un compromiso escrito por parte de la empresa contratante a favor del futuro empleado y donde **se detalla el puesto, sueldo, prestaciones**, si se trata de un contrato eventual o por tiempo indefinido, etc. Este convenio **es un compromiso de todo lo que te han ofrecido** durante el proceso de selección y no tiene nada de malo que lo solicites y **más cuando tendrías que dejar el empleo que ahora tienes.**

En estricto sentido, **no debería preocupar ni molestar a quien pretende contratarte** y tú estarás protegiéndote de posibles cambios o malentendidos de lo pactado. Además, las empresas realmente serias **no tienen inconveniente** para redactar este tipo de documento cuando han reconocido que contratarte les aportará un beneficio.

Es en estos convenios cuando las empresas pueden rectificar y te enterarás de que, en efecto, se te daría un sueldo o prestaciones determinadas, "siempre y cuando si..." y **ahí podrían venir especificadas las condiciones que tal vez ya no resulten tan claras**, como, por ejemplo: Siempre y cuando su desempeño sea muy bueno, nos preguntaríamos, ¿Qué significa un desempeño muy bueno?, ¿Cómo se medirá? ¿En cuánto tiempo? Etc.

Una carta convenio garantizará las bases de tu relación laboral, no es un contrato.

Volver a trabajos anteriores

Tu antiguo empleo es una excelente oportunidad de trabajo, siempre y cuando hayan quedado satisfechos con tu contribución anterior. Piénsalo bien: ¿Apreciaban lo que hacías en esa empresa? ¿Les interesaría volver a contar con alguien tan valioso como tú? ¿No podrían recomendarte con otras áreas de la empresa o incluso otra empresa?

No solo **no pierdes nada con intentarlo**, de entrada, les vas a informar que **has adquirido más experiencia laboral o conocimientos** y ahora estás de nuevo disponible para enfrentar nuevos retos. Si tuviste una buena relación laboral en el pasado, ¿Por qué no dárselo a saber? Sobre todo, **si tú también guardas un buen recuerdo** de esa relación.

Por otro lado, si existe una posición vacante, tendrías muchas más posibilidades frente a otros candidatos pues tú ya has sido valorado por tu anterior relación con ellos, ya te probaron profesionalmente y quizás estén gustosos de recibirte de nuevo. **No te descalifiques de antemano con ideas de "no contratan a quien ya trabajó ahí antes"**, "tal vez no saben todo lo que he avanzado y quieren ponerme en el mismo puesto".

¿Fuiste muy bueno en esa empresa? ¡Avísales tu disponibilidad y avances!

Acuérdate

- **Si elaboras un buen proyecto** de trabajo para la empresa donde quieres trabajar, despertarás el interés de tus posibles jefes y te conocerán profesionalmente
- De lo que más **se aprende es de tus errores**, si te equivocaste en el pasado y te lo preguntan, admítelo y añade todo lo que aprendiste con esto
- Piensa en todo lo importante que has logrado para tener **una entrevista exitosa y llena de confianza**
- **No llegues cansado, tarde** o incómodo a tus entrevistas
- Si se te hace tarde, **llegarás agitado y tenso a la cita, no estarás en tu mejor condición** emocional
- Empieza tus entrevistas tranquilizándote y hablando brevemente de cualquier tema superficial como el clima, decoración o atentas las personas que te recibieron. No más de 2 o 3 minutos
- Lo ideal es que siempre pidas un **sueldo mayor al reci-**

bido en tu último trabajo, pero no se te olvide que las condiciones nunca son ideales. Piensa también que podrás mostrar lo que realmente vales y lo que mereces en el corto y mediano tiempo

- **Pon fechas límite a todas las tareas necesarias para tu búsqueda.** Si cumples con ellas vas por muy buen camino
- **Revisa al final de cada búsqueda los pasos que seguiste.** Echa un ojo a tus apuntes y **rectifica si es necesario**

VIII CONSERVA TU TRABAJO, ¡NO TE EQUIVOQUES!

¿Actualmente tienes un empleo o **ya lo conseguiste después de seguir este libro**? ¿Verdad que uno se siente animado y optimista al estar colaborando con una empresa? Tu empleo actual **es mucho más que una fuente de ingresos; es tu punto de partida para desarrollarte** profesionalmente, para progresar en tu carrera y tu vida. Es el momento de **proponerte nuevas metas y lograrlas**. El trabajo te permite, entre otras cosas, llevar a cabo muchos de tus planes e ideas y tú a cambió darás a la empresa lo mejor de ti lo cual te llenará de más éxitos y motivos de orgullo.

QUIEN TIENE UN EMPLEO, ENCUENTRA UNA FORMA DE CRECER EN LO PERSONAL

Quién ha estado desempleado y consigue ese trabajo que soñó, aprecia todo lo que vale dicho empleo y sabe el privilegio que significa trabajar, contar con ese puesto, estar bien pagado y, además comparte con quienes le rodean la importancia de estar felices por tenerlo. Quien tiene un empleo, **lucha por conservarlo, por ayudar a su nueva empresa** a estar siempre en un muy buen nivel para que puedan seguir ofreciéndoselo.

TODOS NOS PODEMOS QUEDAR SIN EMPLEO, VALORA LO QUE SIGNIFICA TU TRABAJO

Entre otras cosas, un trabajo **significa lo siguiente**:

1. **Tranquilidad** económica
2. **Reconocimiento** familiar y social
3. **Seguridad** para ti y los tuyos
4. **Oportunidad para seguir creciendo** como persona
5. La **ocasión para crecer** más profesionalmente
6. El **compromiso de ayudar a crecer a la empresa** que te contrata junto con quienes ahí trabajan. Si, de todos depende la permanencia de la empresa o su fracaso y cierre.
7. La **responsabilidad de permitir** a otros conservar su empleo mediante tu trabajo exitoso
8. **Influir en la creación** de nuevos puestos dentro de tu empresa
9. **Aprendizaje para construir** tus propios negocios
10. **Amigos**, etc.

Hay veces donde nos sentimos agobiados por las cargas de trabajo que tenemos y buscamos un respiro. Esto **no es motivo para renunciar**; tal vez es el momento de recuperar la perspectiva y reflexionar acerca de lo que realmente quieres y esperas dentro de la empresa y cómo podrías lograrlo.

Tal vez lo único que necesitas es **revisar cómo te organizas**, o quizás un poco de descanso el cual llegamos a olvidar muchas veces y forma parte también del trabajo, tu persona y tu familia.

Lo que es innegable es que **casi siempre quien deja un trabajo se está equivocando**. Ojo, eso no significa que no existan situaciones que justifiquen plenamente el cambio de empleo; en ocasiones hasta puede ser recomendable, pero eso debe ser seriamente valorado.

La mayoría de las personas cambia de trabajo por alguna de las siguientes razones:

Despido

Este hecho **no siempre es debido al empleado mismo**, también puede ser por culpa del jefe, pero "el jefe es el jefe", y es difícil que acepte la culpa. De todas formas, es de ti – y no de tu jefe de quien queremos hablar.

Pueden existir jefes poco preparados para ser líderes. Hay otros que no saben que esperar de su personal, **cómo ayudar a su gente** o bien, cómo evitar que se equivoquen; no se han asegurado de que el personal bajo su responsabilidad esté bien capacitado y que **su gestión sea una fuente de éxitos para todos.** Esto no significa que la causa de que te puedan despedir sea solo de tu jefe; **tú eres corresponsable de lo que ocurra** porque te has amoldado al estilo de tu jefe o estás en tu nicho de confort y no te has preocupado por saber cómo es tu jefe y **como ayudarle a que su equipo sea exitoso.**

EL TRABAJO DE SER JEFE ES FORMAR GRUPOS COMPROMETIDOS Y EXITOSOS

Tú puedes ayudar a que tu jefe sea mejor, empezando por preguntarle lo que él espera de ti, dónde exactamente espera que llegues y él mismo, a dónde quisiera llegar. A partir de esto, piensa cómo podrán ambos lograrlo y no dudes en aportar tus mejores ideas y talento para lograrlo.

CONOCE SUS PLANES, PÍDELE QUE TE INDIQUE COMO LOGRARLO JUNTOS; ¡APORTA; NO DISMINUYAS!

Tus planes en el corto plazo deber ser **los mismos que los de tu jefe**. Los tuyos pueden ser de mayor alcance, de acuerdo con tu visión de vida, tal vez estén aún lejanos, pero en este momento, los planes de tu jefe **son un medio para lograr lo que estás buscando**.

También piensa que podrías ocupar el puesto de tu jefe, o el del de tu jefe y hasta el del máximo directivo dentro de la empresa. Tu aspiración es totalmente válida. **Lo importante es saber qué haces para lograrlo.**

¿Peleas con tu jefe? ¿Esperas a la buena suerte para que se fijen en ti? ¿Tienes algún plan de acción? ¿Te estás preparando cada día más? **Tal vez tu conducta te lleva a ser despedido**, ¿ya lo pensaste? Recuerda es tan importante lo que hagas como la forma en que lo realizas.

Pregúntate siempre acerca de lo **que estás haciendo para llegar a donde quieres llegar**. Hay quienes consideran que solo con acumular años de experiencia se consiguen mejores puestos; también **hay árboles viejos que nunca han dado frutos**.

Aguardar no es suficiente: se necesitan hacer exámenes personales permanentes y pensar realmente cómo nos estamos preparando, los **nuevos conocimientos adquiridos y los pasos dados para conseguir nuestras metas,** si no hacemos esto, estamos muy lejos de conseguir dichas metas y constantemente nos sentiremos mal por no haber logrado lo que nos hemos propuesto.

A muchos candidatos que me preguntan lo fácil o difícil que resulta crecer en la empresa donde quieren incorporarse siempre les contesto que esto depende de **3 factores fundamentales**:

1) La **actitud** que muestre en su desempeño, es decir, **el buen trabajo** y constancia que lo caractericen en su puesto.

2) La **preparación o capacitación** complementaria que él mismo se provea para ocupar una plaza superior

3) Y, por último, tal vez pensarás que es "la suerte" de que exista el puesto a ocupar. Pero no, también de ti depende el crecimiento integral de la empresa y con ello la **aparición de nuevas oportunidades**. Entiende que no es lo mismo trabajar para una organización pequeña que una exitosa y grande donde **surgen más y nuevos retos para todos. Tú puedes ser parte de esa expansión del negocio.**

Y para crecer dentro de la empresa:

1) Define tus **metas**
2) Define **cómo** vas a alcanzarlas
3) **Prepárate** cada día más para lograrlas y estar listo en ese momento
4) **Evalúa** con constancia tus avances

El entorpecer los planes de tu jefe no es precisamente un buen método de crecer en el trabajo. El camino hacia arriba **no es pasar por encima de tu superior y de nuestros compañeros**, se logra junto con todos ellos y **empujándolos a todos hacia arriba, hacia el éxito.**

Claudio L. Quinzaños Ripoll

Empujar y jalar es la fórmula de mejor éxito para el trabajo y el desarrollo. Empujar a tu jefe hacia algo superior, algo mejor, hacia su éxito y jalar a tus compañeros contando con ellos y jalar también a tus subordinados cuando los tienes para que todos ellos a su vez te empujen y así lograr tus metas. Ten cuidado, si "tumbas" en lugar de empujar, ¡Te pueden tumbar a ti!

JALAR Y EMPUJAR PARA LOGRAR EL ÉXITO

EMPUJA A TU JEFE, JALA A TUS COMPAÑEROS HACIA TUS METAS

Recorte de personal

Otras ocasiones el perder un empleo se debe a una **disminución de personal** o bien a la integración de funciones con otras áreas de la empresa y en tales movimientos **tu posición pudiera resultar prescindible**. Cuando acontecen estos recortes, los directivos responsables piensan muy bien de quién podrían prescindir y créeme, **lo último que buscan es dejar ir a sus mejores colaboradores.**

RECUERDA SER EMPLEABLE, NO SOLO TENER EMPLEO

Renuncia por desilusión

Tal vez has pensado en **salir porque te desilusionaste**, porque ya no te gusta tu trabajo. Piensa bien qué es lo que realmente provocó esto, considera cuánto has dejado de hacer en tu empleo, cual tu interés puesto en conocer y enriquecer tu propia posición y que has hecho para que tú y el puesto que ocupas sean vistos como importantes dentro de la organización, ¿has llegado a tener un trabajo imprescindible? ¿No será que estás desilusionado de tu propia actuación?

A veces sufrimos este desencanto porque el puesto no cubre con nuestras expectativas laborales: **no nos resulta interesante** y hasta llega a aburrirnos. Esto es normal; cuando asumimos un nuevo puesto, estamos muy contentos e interesados al principio, pero, **poco a poco vamos dominando** todas las funciones y acabamos haciéndolas de una manera automatizada fácil y hasta aburrida.

Si lo ves así, ese empleo tan interesante al principio te resultará monótono y desilusionante. Recuerda como al principio, no te dabas a basto con tanto trabajo y **ahora lo haces hasta con los ojos cerrados**, de forma automática y ya no te produce ninguna ilusión. ¿Quién tiene ese empleo? ¿tú? ¿Entonces…? ¿A quién debe preocuparle ser feliz en él? ¿has pensado en darle más valor a tu puesto, en enriquecerlo y hacerlo cada vez más interesante?

Si ese trabajo ya no "te llena" **llénalo tú de otros retos y actividades** que resulten valiosas tanto para ti como para la empresa. No te conformes con cumplir con tu trabajo, busca contribuir **más de lo que la empresa esperaría de ti**. Verás que no solo te sentirás más satisfecho o importante en tu trabajo, también, verás que pronto **se darán cuenta de lo valioso que eres** y sabrán valorarlo. Inténtalo cada día y verás que haces de tu puesto el más deseado dentro de la compañía y ¡Todos lo van a notar!

NO TE PERMITAS UN PUESTO ABURRIDO, AÑÁDELE RETOS, CONVIÉRTELO

Renuncia por falta de oportunidades

Pensar que no existen oportunidades para ti dentro de la empresa es tanto como decir que estás limitado y no puedes ser siempre mejor en tu profesión. Una empresa puede tener limitaciones, pero tú, dentro de ella, podrás siempre cambiar esa situación. Por ejemplo, **organízate con todos tus compañeros para que su trabajo sea de la mayor calidad**, también puedes estudiar para conocer más tus productos, tu empresa o los avances dentro de tu especialidad. **¿Hace cuánto no tomas un curso de actualización?** ¿Ya viste los cursos universitarios MOOC y muchos **gratuitos en internet?**

TEN SIEMPRE UN PLAN DE ACCIÓN, APLÍCALO Y CONSIGUE MÁS OPORTUNIDADES PARA TI Y TU EMPRESA

Ahora piensa bien, **¿Cuántas oportunidades te has generado** para ti o para tu empresa? ¿Qué planes tienes para lograr esto? ¿Cómo lo llevarás a cabo?

Si tu empresa es chiquita, ¡Ayúdala a crecer! ¡Crece con ella! O bien, si es tan grande que nadie te nota, ¡destaca por tus éxitos y propuestas! Presume de ello, habla de tus logros, anúncialos, publícalos para que cada que pase alguien cerca de ti entienda que has logrado algo importante para la organización. Haz lo que la gallina: "Cacarea el huevo".

Comprende que si tienes un empleo tendrás oportunidad de crecer en él, pues **las empresas crecen junto con su mejor personal.** De hecho, lo hacen gracias a personas como tú. No es lo mismo ser el encargado de un pequeño negocio a serlo de una gran organización, **si ayudaste a su crecimiento puedes contar con permanecer y crecer ahí mismo.**

Renuncio porque no gano
lo que merezco

Si aún estás en **desacuerdo con tu salario es momento de sentarte a desarrollar una estrategia**; un plan para conseguir lo que deseas. Lo primero será sentarte a negociar con tu jefe y te será **más fácil en la medida en que te prepares mejor para hablar** con él. Elabora una tabla que permita a tu jefe comparar tus ingresos con los proyectos en que estás involucrado o en los que te vas a involucrar en lo inmediato, describe todas las tareas que tienes asignadas, sus retos y claro, los logros que has alcanzado, recuerda; ¡con su apoyo! Explica en qué proyectos participas activamente, **la manera en que contribuyes para el bienestar de la empresa, el grupo de trabajo y los resultados financieros de la empresa.** De ahí puedes darle a conocer lo que esperas recibir en retribución y **será más fácil para ti y tu jefe lograr un mejor nivel de sueldo.** Tal vez tu jefe no tendrá la última palabra, no cae en él precisamente el incremento de sueldos, pero **le darás magníficos argumentos para defenderte ante la autoridad** con quien él tendrá que acudir para este tema.

A cualquier negociación **se necesita ir bien preparado**, no llegues a improvisar, pues es muy probable que fracases y te sientas frustrado, poco valorado y sin ganas de seguir adelante. Piensa que **tu jefe tal vez no es un miserable, tal vez no supiste negociar.** Muéstrate **abierto al diálogo**, no te cierres a tus propias expectativas y escúchalo, tratando de **conseguir de él un plan de remuneración a corto plazo interesante para ambos.**

EN CUALQUIER NEGOCIACIÓN RECUERDA QUE EL TRUCO ESTÁ EN GANAR Y DEJAR GANAR

No busques solo ganar y encerrarte en tu propuesta, entiende que tu jefe y la empresa **tienen que considerar las ventajas que puedas ofrecerles** al seguir dentro de la organización.

SI NO ESTÁS DE ACUERDO CON TU SUELDO, APLICA UNA ESTRATEGIA DE NEGOCIACIÓN SERIA

Deberás ser **firme en tus argumentos, pero sin amenazar**; ésta no es la mejor estrategia y pueden tomarte la palabra. Encuentra, junto con tu jefe una solución o **pídele que te haga una contra propuesta** que en justicia él considere que es justa para ti y para la empresa.

Acuérdate:

- Aprende a darle su verdadero **valor a tu trabajo** y al hecho de estar empleado
- **Pocas veces se justifica cambiar** de un empleo a otro
- **Tus planes y los de tu jefe deben ir por el mismo rumbo**. Solo así crecerás profesionalmente, no te saltes o pases por encima de tu jefe
- **Haz más importante y grato tu trabajo**, esto depende directamente de ti
- Si dedicas parte de tu tiempo a aprender más de tu puesto y empresa **crearás nuevas oportunidades para ti y para todos tus compañeros**

Claudio L. Quinzaños Ripoll

- Ayudar a que tu empresa crezca es **el mejor camino para conservar y crecer en el trabajo**

IX TU EMPLEO, TU VIDA Y TÚ MISMO

Si lo pensamos un poco, **el trabajo no es tan fácil de definir, ya que no solo es algo que "hacemos", sino que, a su vez, nos "hace"** a nosotros, nos afecta, nos cambia nuestra forma de actuar y, en ocasiones, hasta de pensar.

Así, hay quienes olvidándose de este hecho perciben al **trabajo como una mercancía**, como algo que produce ganancias, o como el factor más importante de una sociedad, por citar algunos ejemplos, olvidándose del **aspecto netamente humano del trabajo**.

Entiendo que el trabajo es muy importante, si, pero no lo más relevante del ser humano, pues considero como muchos empresarios exitosos, que **la vida tiene muchísimas facetas, tanto o más importantes que el trabajo mismo, como la familia**, la relación de pareja, para mí, lo más importante es el respeto, la dignidad de la persona humana.

La razón es muy sencilla: **todo avance** o desarrollo social, cultural o científico; todo proyecto o actividad **depende del esfuerzo, dedicación, entrega y creatividad de las personas**. Por eso no podemos olvidar que todo lo que sucede y está en el mundo **es por y para los seres humanos**. Si lo hiciéramos, correríamos el peligro de suponer que las personas no somos lo más importante y nada es más importante en este planeta que cada ser humano.

Te comento esto porque, frecuentemente se presentan "oportunidades" para entrar a un trabajo determinado o simplemente cambiar de empleo y, aun cuando hemos hablado antes de esto, es importante **considerar con cuidado el precio que estaríamos dispuestos a pagar por mejorar la situación económica de nuestra familia**. Te voy a dar un ejemplo:

Héctor Soriano era un exitoso vendedor, casado con María Luisa, una excelente persona, dedicada a sus tres hijos pequeños. Héctor, un padre cariñoso tenía **buenos ingresos, trabajaba motivado, deseaba subir dentro de su empresa** y soñaba, aunque se le daban muy bien las ventas, en ocupar la dirección Comercial; **se imaginaba en una oficina dando órdenes, despachando asuntos con la gente, vestido con trajes elegantes y usando coches de lujo.**

Un día le contó su "sueño" a un amigo quien lo invitó a trabajar en una empresa que estaba formando. Héctor, pensando en sus propios sueños, **renunció a su magnífico empleo** de ventas. Por desgracia, su fracaso no pudo ser mayor: se dio cuenta de que **lo que él pensaba y la realidad, eran cosas mu distintas** y el no tratar todo el día con la gente y a cambio escuchar las quejas de los demás, estar entre cuatro paredes y atender interminables juntas de trabajo todo el día le resultaba aburrido, insoportable.

No le quedó más que aguantarse en su nuevo trabajo, **ahora no le sería fácil encontrar uno nuevo y su familia necesitaba de sus ingresos**. Ganaba más, pero **ya no era el padre bondadoso, sino un marido enojón y desilusionado** que había edificado su vida sobre un sueño irreal.

Héctor solo tomó en cuenta algunos aspectos externos como el dirigir personas, tener un despacho, un sueldo mayor, etc. Pero **olvidó sus propias cualidades y personalidad**, así como el hecho de que **su familia era lo más importante para él**. Se olvidó, en resumen, de lo que el trabajo es en realidad: una oportunidad para enriquecer su vida basada en la dignidad de la persona.

Y es que la **dignidad es parte muy importante de nuestra vida** diaria, no en el sentido de falso orgullo o "importancia" social, sino en la manera en cómo vivimos como personas, familia y sociedad- y cómo es que llevamos a cabo nuestro trabajo. Esto significa que la dignidad de un trabajo **no depende del trabajo en sí, sino de nosotros mismos**, es decir, no hay trabajo más o menos dignos, sino más o menos reconocidos.

Para hacer digno un trabajo debemos, primero, **entenderlo como una fuerte de realizaciones personales**, de satisfacción por la labor ben cumplida, ya lo dijimos, si vamos a ser un vigilante, lo mejor es que lo hagamos con orgullo y con todas las ganas, al final veremos nuestro trabajo con alegría y satisfacción con lo que podremos concentrarnos, el término de cada jornada en otros aspectos igual de importantes para nuestra vida como nuestra familia, nuestra salud, nuestra formación personal, etc.

Así, podemos "medir" la dignidad de nuestro trabajo con **preguntas como ¿Me ayuda a crear un clima de unión real en mi familia? ¿Es un verdadero motivo de realización personal?** ¿Me permite ser un verdadero ejemplo para mis hijos o para otros?

El segundo elemento que dignifica un trabajo son **los valores personales que le aportamos**, es decir, los valores que vivimos nosotros mismos, del mismo modo que nuestra familia, nuestra comunidad y nuestra sociedad crecen y se desarrollan a partir de nuestros principios y valores, así, nuestro trabajo crecerá, mientras aportemos lo mejor de nosotros mismos, en especial, nuestros propios valores.

¿Qué valores enriquecen nuestro trabajo? Te presento algunos de ellos y que todos deberíamos compartir y vivir, aunque rara vez se analizan como parte de las cualidades personales que podemos aportar a un trabajo y **significar la diferencia entre seguir empleado o dejar de estarlo**. Estos valores, casi un retrato del "empleado perfecto" son:

La constancia. O capacidad de llevar adelante decisiones, ya tomadas. Esto es una cualidad muy apreciada en el trabajo, pues convierte al trabajador en una **persona capaz de sacar adelante cualquier proyecto**, sin importar las dificultades que enfrente. La constancia se traduce en **beneficios para la empresa y para el propio trabajador** quien aprende y comprueba cómo logra lo que se propone. No seas de los que tiran la toalla ante el primer obstáculo. Analiza bien qué ocurrió, cómo pasó y por último lo aprendido que te llevará a seguir adelante con mayor probabilidad de éxito.

Lealtad. Significa "ponernos la camiseta", dar todo por nuestro grupo y **considerar el lugar y equipo de trabajo como parte de nosotros mismos,** como algo que no podríamos traicionar jamás. La lealtad nos hace ver el trabajo como parte de nosotros, **nos lleva a trabajar en común, a hacer equipo y a crear un buen ambiente de trabajo**. Acuérdate, el éxito de cualquier empresa se fundamenta en el trabajo y actitud de todos los que conforman los distintos equipos de trabajo. ¡Que el tuyo esté lleno de triunfos!

Honradez. Debería ser un valor tan obvio, tan natural que no tuviésemos que mencionarla, ya que **evita la necesidad de controles o vigilancia**, genera una actitud de ser íntegros, de buscar siempre el bien porque nos beneficia a todos, de hacer las cosas como deben ser hechas. Pero honradez no solo consiste en no tomar lo que no nos pertenece en lo material. **¿Qué pasa con quienes utilizan el centro de trabajo para cumplir solo con estar presentes mientras da la hora de salida?** ¿Y aquellos que utilizan los equipos de cómputo para entrar a sus redes sociales y estar **mensajeándose con sus amistades?** O bien, quienes dicen "si hacen como que me pagan… ¡Yo hago como que trabajo! ¿No te parece igualmente deshonesto?

Disciplina. Es la **cualidad por la que aceptamos y seguimos las normas y directrices de la empresa,** manteniendo el orden y la metodología en nuestro trabajo por el bien de todos y en pro de mejores resultados personales, grupales, empresariales y sociales. Y para romper cualquier política o método, lo correcto será hablarlo con tus superiores y **proponer algún método para mejorar la metodología que ya se aplica.**

Responsabilidad. Que es la capacidad de dar explicaciones y respuestas válidas de nuestros actos, nos permite **responder por lo que hacemos**. Cuando falta la responsabilidad surgen todos los problemas; es cuando las empresas empiezan a buscar "culpables". Si cada uno hace lo que tiene que hacer, y lo hace con responsabilidad, **los demás podrán hacer lo suyo y todos saldrán adelante**: tú, tus compañeros, tus jefes, la empresa y la sociedad en su conjunto.

Iniciativa. Es la fuerza, la chispa, **la energía que nos lleva a pensar y realizar acciones para mejorar**, tanto en lo personal, como en la familia, la casa y el trabajo. La iniciativa es lo que **convierte a los individuos en empresarios**, a los subalternos en jefes y a las comunidades en verdaderas fuentes de desarrollo. **No dudes en tus propios talentos y capacidades**, nunca dejes de buscar más y mejores caminos. Recuerdo un gerente cuya función era la implantación de nuevos proyectos y planes. Un día, al revisar con él vimos que había propuesto más de 50 proyectos diferentes, de ellos, **habían sido puestos en marcha solo tres**. Ah, pero el éxito de esos tres proyectos **valía a la empresa un ingreso de cientos de miles de dólares** y de todo el continente nos visitaban para conocer esta nueva forma de hacer negocios en la empresa.

Comunicación y confianza. El empleado ideal es una **persona que se comunica** y cuyas relaciones se basan en la **confianza mutua**, con quien todos saben que no hay dobles intenciones, ni falsedad en el trato; es una persona positiva, siempre dispuesta a ayudar a los demás, deseosa de colaborar, de recibir indicaciones, tareas y retos. Es, en resumen, **una persona reflexiva, amigable, abierta y nunca conflictiva.**

Espíritu de equipo. Así se llama a lo que ocurre cuando **todos sumamos esfuerzos por el bien de todos. Es la base de un buen ambiente de trabajo**, pero, más importante es lo que convierte al trabajo de uno en el logro de todos, por lo que todos apoyan y todos colaboran. El espíritu de equipo es, en esencia, el ideal laboral que todos queremos compartir; de nosotros depende el hacerlo realidad. No seas como el cubo de cangrejos donde en lugar de aliarse uno y otro para trepar y alcanzar la salida, **jalan al fondo a quien ha tomado la iniciativa de intentar subir por las paredes del cubo.**

Podría seguir hablando de los valores que dignifican tu vida personal y tu trabajo, pero no se trata de hacer una lista interminable.

Platica con los tuyos, con tu familia y entre todos analicen cuáles son los principios compartidos, los que les gustaría practicar, **lo que vivieron en casa de sus propios padres: ahí están tus raíces. Recupéralas y vívelas,** verás cómo tu trabajo -y tu vida en general – crecen, se enriquecen y te impulsan a vivir cada día con alegría y decisión.

www.ingramcontent.com/pod-product-compliance
Lightning Source LLC
Chambersburg PA
CBHW021833170526
45157CB00007B/2793